Kerstin Wöhlbrandt

Effizienzerhöhung in geburtshilflichen Abteilungen von Krankenhäusern
Konzeptentwicklung, Maßnahmen und Umsetzung in die Praxis

Diplomica® Verlag GmbH

Wöhlbrandt, Kerstin: Effizienzerhöhung in geburtshilflichen Abteilungen von Krankenhäusern: Konzeptentwicklung, Maßnahmen und Umsetzung in die Praxis, Hamburg, Diplomica Verlag GmbH 2012

ISBN: 978-3-8428-8759-6
Druck: Diplomica® Verlag GmbH, Hamburg, 2012

Bibliografische Information der Deutschen Nationalbibliothek:
Die Deutsche Nationalbibliothek verzeichnet diese Publikation in der Deutschen Nationalbibliografie; detaillierte bibliografische Daten sind im Internet über http://dnb.d-nb.de abrufbar.

Die digitale Ausgabe (eBook-Ausgabe) dieses Titels trägt die ISBN 978-3-8428-3759-1 und kann über den Handel oder den Verlag bezogen werden.

© Diplomica Verlag GmbH
http://www.diplomica-verlag.de, Hamburg 2012
Printed in Germany

Abbildungsverzeichnis   **Seite**

Tabellenverzeichnis   Seite

Abkürzungsverzeichnis

Abb.	Abbildung
AG	Aktiengesellschaft
akt.	aktualisierte
ArbZG	Arbeitszeitgesetz
Aufl.	Auflage
BBFW	Bundesbasisfallwert
BSC	Balanced Scorecard
BWR	Bewertungsrelation
bzw.	beziehungsweise
CTG	Cardiotokographie
d.h.	das heißt
DRG	Diagnosis Related Groups
einschl.	einschließlich
EDV	Elektronische Datenverarbeitung
erw.	erweiterte
et al.	und Mitarbeiter
G-BA	Gemeinsamer Bundesausschuss
GBM	Ganzheitliches Beschaffungsmanagement
ggf.	gegebenenfalls
GmbH	Gesellschaft mit beschränkter Haftung
Hrsg.	Herausgeber
i.d.R.	in der Regel
InEK	Institut für das Entgeltsystem im Krankenhaus
i.V.m.	in Verbindung mit
KHG	Krankenhausfinanzierungsgesetz
KHRG	Krankenhausfinanzierungsreformgesetz
KTQ	Kooperation für Transparenz und Qualität im Gesundheitswesen
LBFW	Landesbasisfallwert
MBU	Mikroblutanalyse
NI	Nosokomiale Infektionen
o.g.	oben genannt(es) bzw. oben gesagt(es)
OP	Operationsabteilung
PDA	Periduralanästhesie
PM	Personalmanagement

QI	Qualitätsindikatoren
QM	Qualitätsmanagement
QM-System	Qualitätsmanagementsystem
RMS	Risikomanagementsystem
s.	siehe
S.	Seite
s.a.	siehe auch
SC	Sectio caesarea
SGB	Sozialgesetzbuch
SSW	Schwangerschaftswoche
s.o.	siehe oben
Tab.	Tabelle
u.a.	unter anderem
u.ä.	und ähnliches
überarb.	überarbeitete
usw.	und so weiter
u.U.	unter Umständen
v.	von
VD	Verweildauer
vgl.	vergleiche
vollstd.	vollständig
w.o.	wie oben
z.B.	zum Beispiel
z.T.	zum Teil

Anlagenverzeichnis Seite

Einführung in das Thema

Krankenhäuser mit geburtshilflichen Abteilungen sind Anbieter und Erbringer medizinischer Leistungen im Zusammenhang mit Schwangerschaft, Geburt und Wochenbett. Diese Leistungen werden unter komplexen Rahmenbedingungen, die dynamischen Veränderungen unterliegen und unter Wettbewerbsbedingungen erbracht. Wettbewerb zwischen geburtshilflichen Abteilungen um ausreichend viele Patientinnen besteht aufgrund anhaltend sinkender Geburtenzahlen seit mehr als zehn Jahren. Seit der verpflichtenden Umstellung der Vergütung stationärer Leistungen vom Selbstkostendeckungsprinzip auf das Fallpauschalensystem ab dem Jahr 2004 hat sich dieser Wettbewerb erweitert. Alle Leistungen sind seither auch wirtschaftlich - effizient zu erbringen.

Die Betrachtung der gegenwärtigen und zukünftig zu erwartenden Veränderungen der Rahmenbedingungen zeigt die Notwendigkeit zur Erhöhung der Effizienz. Nur so stehen die zum Erhalt der Wettbewerbsposition notwendigen finanziellen Mittel in ausreichendem Umfang und zum richtigen Zeitpunkt zur Verfügung. Übliche Maßnahmen zur Erhöhung der Effizienz sind die **Reduktion der Sachkosten und des Personals.** Auf diese Weise ist die Effizienz oft nur kurzfristig zu erhöhen. Kurz-, mittel- und langfristig wirksame Maßnahmen werden durch den häufig bestehenden Mangel an Prozessorientierung zu wenig fokussiert und genutzt. Vielfach fehlt es auch an einer individuellen Handlungsgrundlage, die ein systematisches, kontinuierliches Agieren innerhalb der Komplexität der Rahmenbedingungen und im Wettbewerb ermöglicht.

Hier setzt dieses Buch an. Es beinhaltet eine Anleitung für die Entwicklung eines Konzepts zur Erhöhung der Effizienz für geburtshilfliche Abteilungen. Mit einem individuell entwickelten Konzept steht eine solche Handlungsgrundlage zur Verfügung. Dabei werden politische, wirtschaftliche und gesellschaftliche **Rahmenbedingungen** und die **heterogenen Ausgangslagen der Abteilungen** berücksichtigt. Sie und theoretische Grundlagen sind Thema der ersten beiden Kapitel. Das dritte Kapitel beschreibt schrittweise die Konzeptentwicklung. Es zeigt vielfältige Maßnahmen zur kurz-, mittel- und langfristigen Erhöhung der Effizienz auf mehreren Ebenen im Prozess der Leistungserbringung. Die Umsetzung einer der Maßnahmen des Konzepts in die Praxis ist Inhalt des vierten Kapitels. Das Buch endet mit der Zusammenfassung und einem Schlusswort.

Teil A: Problem, Ziel und theoretische Grundlagen dieser Arbeit

1 Rahmenbedingungen zur Leistungserbringung in der Geburtshilfe

Die Rahmenbedingungen sind dem Management wohl bekannt. Sie werden nachfolgend betrachtet, um den Mitarbeitern die Notwendigkeit zur Erhöhung der Effizienz zu verdeutlichen und so Veränderungsbereitschaft bei allen zu wecken.

Politische und wirtschaftliche Rahmenbedingungen

Die Finanzierung der Investitionskosten ist eine gesetzlich vorgegebene Aufgabe der Bundesländer, der diese aufgrund angespannter Haushaltslagen immer weniger nachkommen (können). Die Zahlungen sind nicht zeit- und bedarfsgerecht sowie umfänglich nicht ausreichend. Kurzfristige Änderungen sind kaum zu erwarten. Deshalb werden auch zukünftig nicht unerhebliche finanzielle Mittel zum Erhalt der Infrastruktur und für Teile der Ausstattung von den Krankenhäusern investiert werden müssen, überwiegend aus erwirtschafteten Gewinnen (vgl. Pföhler, W. 2010: 284, Debatin et al. 2010: 37, 39).

Die Entwicklung der Erlöse (s. Glossar) und Kosten/Preise ist schwer voraussehbar. Sie hängt u.a. von der Konjunktur in Deutschland und von Entwicklungen der Weltwirtschaft ab. Globale Krisen, wie die Finanzkrise 2009/2010 oder der Schuldenabbau der Länder können zu unerwartet geringerem Wachstum der Erlöse führen. Epidemisch auftretende Krankheiten, wie die EHEC-Infektionen (s. Glossar) im Frühsommer 2011, verursachen nicht kalkulierte Kosten. Diese Kosten reduzieren die finanziellen Mittel des gesamten Gesundheitswesens. Auch deshalb können Erlöse unerwartet wenig wachsen. In den nächsten zehn Jahren werden jährliche Erlössteigerungen um etwa 2,5% und Kostensteigerungen um etwa 2,9% erwartet, letztere u.a. für

> ➢ das Personal (neue Tarifverträge) und medizinisch-technische Geräte
> ➢ Energie (Strom, Gas, Öl) und Wasser (vgl. Zehnder 2011: 58).

Deshalb sind aus Gewinnen Rücklagen zu bilden.

Die unterschiedlichen Landesbasisfallwerte (LBFW) werden während der laufenden Konvergenzphase bis 2014/2015 an einem bundeseinheitlichen Durchschnittswert, den Bundesbasisfallwert (BBFW), angeglichen. Krankenhäuser in Bundesländern mit hohen LBFW (u.a. in Rheinland-Pfalz und im Saarland) haben bis zu diesem Zeitpunkt **mit sinkenden Erlösen** zu rechnen (vgl. Augurzky et al. 2010: 15, 16, 22; Neubauer, Beivers 2010: 10).

Ein Teil der Kosten wird nicht ausreichend bzw. gar nicht über Erlöse oder Investitionsmittel der Länder gedeckt, z.B. die Kosten zur Qualitätssicherung, für innovative Medizintechnik, zur Vorhaltung von Kapazitäten, für die Haftpflichtversicherung oder für Grundstückskosten. Sie sind u.a. aus Gewinnen zu finanzieren (vgl. Henke, Göpffarth: 2010: 37; Münzel, Zeiler 2010: 100).

Gesellschaftliche Rahmenbedingungen

Mitarbeiter erwarten Demokratie heute auch an ihrem Arbeitsplatz im Krankenhaus. Zielvorgaben, „hereingeworfene" Informationen oder Entscheidungen finden ohne begründende Diskussion kaum mehr Akzeptanz. Selbstbewusster denn je fordern sie Rechte, z.b. die Einhaltung der Vorgaben des ArbZG, ein. Zukünftig wird daher mehr (Arbeits)Zeit für Interaktion, z.b. zur interdisziplinären Erarbeitung spezifischer Lösungen für Probleme nötig sein.

Geburtshilfe ist interventions- und damit kostenarm. Sie **benötigt** neben **Wissen, Erfahrung** und einem **eingespielten Team** vor allem **Ruhe, Geduld und Zeit.** Durch ausreichend viel Zeitaufwand für die Betreuung können Patientinnen Ängste ab- und Vertrauen aufbauen und die Geburtshelfer ein Gefühl für die Situation entwickeln. Dieses Gefühl ist Voraussetzung für „gekonntes Abwarten". Bei Patientinnen ohne oder mit geringen Risiken sind der intermittierende Einsatz der Technik und wenig Schmerzmittel meist ausreichend.

Geburtsmedizin ist interventionsreich und damit kostenintensiv. Sie wird vor allem in mittleren und größeren Abteilungen auch für Patientinnen ohne Risiken immer häufiger. Die Gründe sind vielschichtig. Sie sind an dieser Stelle nicht abschließend zu diskutieren. In Kürze kann dazu gesagt werden, dass u.a. zum Schutz vor Schadenersatzansprüchen **vermehrt Interventionen** durchgeführt werden, z.B. Labor- und Ultraschalldiagnostik, CTG-Überwachung (s. Glossar, CTG) und Mikroblutanalysen (s. Glossar). Auf diese Weise entstehen die höheren Kosten gegenüber der Geburtshilfe. Die mütterliche und perinatale Mortalität (s. Glossar) konnte mit Geburtsmedizin nicht verbessert werden. Sie liegt seit etwa zwanzig Jahren auf konstant niedrigem Niveau (vgl. Misselwitz 2010: 721, 724). Inwiefern die DRG´s (Diagnosis Related Groups) diese Entwicklung zeitgerecht abbilden, ist fraglich. Fazit daraus ist, dass auch die höheren Kosten der immer häufiger werdenden Geburtsmedizin zur Erhöhung der Effizienz zwingen.

Demografische Entwicklung und Fallzahlen

Die Anzahl der Geburten in Deutschland und damit auch die Anzahl der Geburten

bzw. Fälle (s. Glossar) in Krankenhäusern sinkt seit Jahren, s. Tab.1:

Tab.1: Geburten in Deutschland
(Quelle: Statistisches Bundesamt 2012a)

Tab.2: Krankenhäuser mit geburtshilflicher Abteilung
(Quelle: Statistisches Bundesamt 2008/2009/2010)

Jahr	Geburten
1991	830 019
2000	766 999
2010	677 947

Jahr	Anzahl geburtshilflicher Abteilungen
2008	842
2009	822
2010	807

Jedes Jahr schließen deshalb geburtshilfliche Abteilungen, s. Tab. 2.

Der Erhöhung der Effizienz über vermehrte Geburten- bzw. Fallzahlen sind damit

Grenzen gesetzt. Fallzahlerhöhungen sind nur über Umverteilungen zu erreichen.

Vermehrte bzw. hohe Fallzahlen sind kein Garant für Gewinne. Dies wird von

Mitarbeitern häufig angenommen. Damit werden **mehr Erlöse** erzielt und es

können Kostendegressionseffekte (s. Glossar) erwartet werden. Mit der Fallzahl

steigen aber auch variable Kosten (s. Glossar). Kostendegressionseffekte treten

aus den im Glossar genannten Gründen **nicht zwingend** ein. Die Annahme bleibt

eine solche, bis Transparenz über Kosten und Erlöse vorliegt.

Ob gegenwärtig allen Krankenhäusern dazu permanent valide Kennzahlen

(s. Glossar) vorliegen, ist ebenso fraglich (vgl. Schwentzer 2011: 791).

Nicht fraglich ist, dass Gewinne nur erzielt werden, **wenn alle Kosten geringer**

sind, als die Erlöse. Dies gilt für hohe und geringe Fallzahlen. Bei Verlusten

muss durch andere Abteilungen „quersubventioniert" werden, was immer nur eine

zeitlich begrenzte Zwischenlösung darstellen kann.

Zusammenfassend besteht die Notwendigkeit zur Erhöhung der Effizienz, weil

> ➢ die Investitionskostenfinanzierung der Bundesländer unzureichend bleibt

> ➢ die Erlös- und Kostenentwicklung Unvorhersehbarkeiten unterliegt

> ➢ Rücklagen für hohe Kosten-/geringe Erlösentwicklungen zu bilden sind

> ➢ in Krankenhäusern mit hohen LBFW die Erlöse sinken

> ➢ grundlegende Kosten zur Leistungserbringung und dem Erhalt der Wettbewerbsfähigkeit zu decken sind, u.a. für mehr (Arbeits)Zeit

> ➢ Geburtsmedizin häufiger wird, der Fallzahlerhöhung Grenzen gesetzt sind.

Die Erhöhung der Effizienz des Gesundheitswesens steht durch steigende Kosten

und begrenzte Ressourcen auch in anderen Industrieländern im Blickpunkt.

Das DRG-System mit seinen Anreizen zum wirtschaftlichen Ressourceneinsatz

hat sich international in unterschiedlichen Formen durchgesetzt, z.B. in den USA,

in Australien, Skandinavien und in der Schweiz (vgl. Hajen et al. 2010: 187, 247).

2 Problemstellung und Herausforderungen

2.1 Erörterung der Problemstellung

Die Reaktion auf diese Rahmenbedingungen sind überwiegend Ziel-Vorgaben. Sie beziehen sich in erster Linie auf finanzielle Ziele und auf die zu erreichende Anzahl der Geburten im Jahr. Damit ist auch die Art der Maßnahmen zur Erhöhung der Effizienz beschränkt. Auf der finanziellen Ebene dominieren die Reduktion der Sachkosten und des Personals. Die Reduktion des Personals erscheint inzwischen ausgeschöpft zu sein. Sie führt zudem nicht selten zu Zielkonflikten (s. Glossar), so dass die Effizienz oft nur kurzfristig steigt.

Zur Akquise von Patientinnen sind Umbau und/oder Renovierung der Abteilung bzw. die Erneuerung von Teilen der Ausstattung häufige Maßnahmen. Hier zeigt sich deutlich der **Mangel an Prozessorientierung**, denn diese Maßnahmen sind meist nicht an den vielfältigen Nutzeranforderungen und an den **Komplexitätskosten** (s. Glossar, auch unter **Komplexitätsnutzen**) orientiert. Mittel- und langfristig können die Prozesskosten auf diese Weise nicht signifikant sinken, u.a. weil zahlreiche Effizienzpotentiale ungenutzt bleiben.

Umbau- und Renovierungsmaßnahmen zeigen ebenso deutlich die vielfach bestehende **bereichs- bzw. funktionsorientierte Sicht**. So versuchen Mitarbeiter für ihre Berufsgruppe oder Bereiche, z.B. den Kreißsaal oder die Wochenbettstation, ihre spezifischen Interessen auf einzelne bzw. mehrere Räume und an deren Ausstattung durchzusetzen. Auch Einzelne stellen Ansprüche, z.T. durchaus lautstark. Geburtshilfliche Leistungen werden jedoch über weitere Bereiche hinweg in interdisziplinären **Arbeitsablaufprozessen** erbracht, z.B. durch die Operationsabteilung (OP), die Anästhesie oder die Neonatologie (s. Glossar). So wurden in Deutschland im Jahr 2010 mehr als 32% aller Kinder nicht im Kreißsaal, sondern im Operationssaal (OP) durch Sectio caesarea (SC) geboren, bei mehr als 24% aller Spontangeburten Epi-/Peridural- bzw. Spinalanästhesien gelegt (überwiegend durch Fachärzte für Anästhesie) und bei über 33% aller Geburten vor oder unmittelbar nach der Geburt ein pädiatrischer Facharzt hinzugezogen, meist in Begleitung einer Pflegekraft. Alle Zahlen sind gegenüber dem Vorjahr gestiegen (vgl. AQUA-Institut 2011: 60, 87, 88, 93).

Die interdisziplinär erbrachte Leistung wird mit **einem Erlös je DRG** vergütet. Damit wird klar, dass die funktionsorientierte Sicht auf Einzelbereiche Ineffizienzen bewahrt. Sie verdeckt die zahlreichen Effizienzpotentiale in den Arbeitsablaufprozessen, deren Nutzung für signifikante, mittel- und langfristige

Erhöhungen der Effizienz zwingend notwendig ist. Abbildung 1 zeigt die funktionsorientierte und die notwendige prozessorientierte Sicht aller Mitarbeiter auf die wesentlich beteiligten Bereiche, auch auf die unterstützenden Bereiche, z.B. auf das Labor oder die Controllingabteilung (s. Glossar):

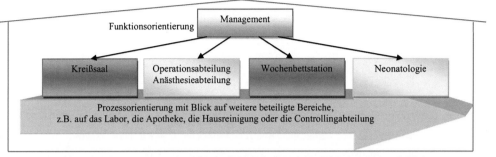

Abb.1: Funktions- und prozessorientierte Sicht auf die an der Erbringung geburtshilflicher Leistungen wesentlich beteiligten Bereiche (Quelle: eigene Darstellung, in Anlehnung an Zapp, Otten 2010b: 105, 111 [zitiert nach Zapp 2008a: 269, 273])

Probleme bestehen auch in der **Umsetzung** von Maßnahmen zur Erhöhung der Effizienz. Eine Systematik und Kontinuität in der Vorgehensweise sind nur wenig erkennbar. Informationen über bestehenden Handlungsbedarf, den Nutzen und Ziele von Maßnahmen fließen oft nur spärlich oder fehlen. Mangelnde Akzeptanz bis hin zu Widerständen schmälern dann in der Folge die (Aus)Wirkungen. Umgesetzte Maßnahmen werden nur selten evaluiert. So bleiben die Auswirkungen und auch der Sinn von Maßnahmen für die Mitarbeiter unklar. Insgesamt ist auf diese Weise die kurz-, mittel- und langfristige Erhöhung der Effizienz kaum zu erreichen. Damit sinken die Chancen auf den zukünftigen wirtschaftlichen Erfolg und den dauerhaften Erhalt der Abteilung.

2.2 Herausforderungen für das Management und die Mitarbeiter

Die Herausforderungen für das Management und die Mitarbeiter sind:

➢ Zielsetzungen zur kurz-, mittel- und langfristigen Erhöhung der Effizienz

➢ Zielsetzungen auch auf weiteren Ebenen der Arbeitsablaufprozesse

➢ das Umdenken von funktions- zu prozessorientierter Sicht

➢ das Zurückstellen von Bereichs-, Berufs- oder Einzelinteressen

➢ die Entwicklung eines Konzepts als Handlungsgrundlage mit Systematik

➢ eine zielorientierte Auswahl von Maßnahmen in das Konzept

➢ die kontinuierliche Umsetzung, Controlling (s. Glossar) und Evaluation

3 Ziel dieses Buches

Ziel dieses Buches ist zu zeigen, **wie** vor dem Hintergrund bekannter Rahmenbedingungen und heterogener Ausgangslagen **ein Konzept zur Erhöhung der Effizienz entwickelt werden kann.** In der Konzeptentwicklung soll sich die Prozessorientierung widerspiegeln.

Mit einem individuell entwickelten Konzept steht geburtshilflichen Abteilungen eine Handlungsgrundlage zur Verfügung, die ein systematisches Agieren innerhalb der Komplexität und Dynamik der Rahmenbedingungen ermöglicht. Damit können kurz-, mittel- und langfristig die Effizienz erhöht und in der Folge der wirtschaftliche Erfolg sowie der Erhalt der Abteilung gesichert werden.

Zielgruppen dieses Buches sind das Management und die Mitarbeiter geburtshilflicher Abteilungen, denn die Erhöhung der Effizienz ist nur in interdisziplinärer Zusammenarbeit und unter Nutzung allen Wissens zu erreichen. Weitere Zielgruppen sind alle interessierten Leser, insbesondere Mitarbeiter anderer Fachabteilungen in Krankenhäusern, die vor ähnlichen Herausforderungen stehen. Das Glossar ist deshalb besonders umfangreich.

Es enthält Fachbegriffe und die Darstellung von Zusammenhängen mit Querverweisen, um das Verständnis der z.T. komplexen Thematik zu erleichtern. Im Fließtext wird, wie bereits gelesen, darauf hingewiesen.

4 Zu den Grundlagen

4.1 Literaturanalyse und Informationssammlung

Das Schreiben des vorliegenden Buches begann nach einer systematischen Literaturanalyse zum thematischen Standort. Dazu sind zahlreiche Publikationen aus frei zugänglichen Datenbanken, u.a. „Medline", unter den Suchwörtern „Kosten, Erlöse, Geburtshilfe und DRG´s,", „effiziente Leistungserbringung, Prozessmanagement in der Geburtshilfe" u.ä. ab 2006 durchgesehen und ausgewertet worden. Zudem wurden mehr als 100 thematisch relevante Bücher und Fachzeitschriften mit Erscheinungsjahr ab 2001 gelesen.

Zur ergänzenden Informationssammlung besuchte die Autorin im April 2011 vier geburtshilfliche Abteilungen in Norddeutschland. Die anwesenden Mitarbeiter beantworteten offen die Fragen der Autorin zur **Effizienz** und **Qualität** ihrer Leistungen (s. Glossar), zur Organisation ihrer **Arbeitsablaufprozesse** und zu den **infrastrukturellen Bedingungen**. Letztgenannte konnten z.T. besichtigt werden. Diese Fragen wurden zusätzlich, bis zum Zeitpunkt der Fertigstellung des Buches im Mai 2012, mit zahlreichen Mitarbeitern aus unterschiedlichsten, geburtshilflichen Abteilungen Deutschlands, meist persönlich, erörtert.

Teile aus der Literaturanalyse und der Informationssammlung bereichern das Buch, letztgenannte insbesondere durch Aktualität.

Weiter fließen persönliche Erfahrungen der Autorin aus mehr als 20 Jahren beruflicher Tätigkeit als Hebamme und erworbenes Wissen innerhalb des Studienganges „Pflegemanagement" ein. Die Standorte der besuchten Abteilungen und der, in welcher die Autorin zum Zeitpunkt des Schreibens an diesem Buch gearbeitet hat, werden aufgrund des Datenschutzes nicht genannt.

Aufzeichnungen zu den Besuchen liegen der Autorin vor.

Eine Bearbeitung des Themas, wie folgend, erscheint bisher nicht erfolgt zu sein.

Es besteht trotz sorgfältiger Recherche die Möglichkeit, dass aufgrund der Vielzahl von Publikationen nicht alle relevanten Medien berücksichtigt wurden.

4.2 Verwendete Begriffe

Unter dem Begriff **„geburtshilfliche Abteilung"** werden der Kreißsaal und die Wochenbettstation subsummiert (Haupt- mit Belegabteilung, s. Glossar), wobei der Begriff „Wochenbettstation" eine (existente) präpartale Station einschließt.

Mit **„Mitarbeitern"** sind die hier überwiegend beschäftigten Ärztinnen, Hebammen sowie Gesundheits- und (Kinder)Krankenpflegerinnen gemeint. Sprachlich wird überwiegend die weibliche Form genutzt. Sie entspricht dem hohen Frauenanteil in den Abteilungen. Der Begriff schließt männliche Mitarbeiter ein. Hebammen, Gesundheits- und (Kinder)Krankenpflegerinnen werden z.T. zur Vereinfachung als **„Pflegekräfte"** bezeichnet.

Der Begriff **„Management"** umfasst alle Führungskräfte eines Krankenhauses mit Aufgaben des „Managements". Damit sind Mitarbeiter der kaufmännischen Geschäftsführung, Chef- und Oberärzte sowie leitende Pflegekräfte gemeint.

Der im Gesundheitswesen umstrittene Begriff **„Kunde"** wird in dieser Arbeit dennoch genutzt, weil die meisten **Patientinnen** in der Geburtshilfe **selbst** und **bewusst** ihr Krankenhaus vor der Geburt auswählen und über ihre Behandlung maßgeblich mitentscheiden, z.B. über die Art und den Verlauf der Geburt.

Der Kundenbegriff schließt **einweisende** Ärzte, Hebammen und Krankenkassen ein. Sie können wesentlichen Einfluss auf Entscheidungen ihrer Patientinnen für oder gegen ein Krankenhaus nehmen und so Patientenströme gezielt leiten.

4.3 Prozesse und Prozessmanagement

Zunächst werden zum gemeinsamen Verständnis weitere verwendete Begriffe und deren Inhalte in Kürze zusammengefasst. In der Literatur existieren zahlreiche Definitionen zum Begriff „Prozess" (lat. procedere, voranschreiten). Mit der folgenden Definition sollen wichtigste Aspekte erfasst werden.

Prozesse sind Handlungsabfolgen, die in jeweils gleicher oder ähnlicher Form über mehrere Bereiche hinweg ablaufen. Sie enden mit dem Erreichen eines finanziellen, qualitativen oder eines anderen Zieles bzw. Ergebnisses innerhalb einer bestimmten Zeit (vgl. Kahla-Witzsch 2005: 69).

Jeder Prozess kann in Einzelhandlungen bzw. Teilprozesse zerlegt werden. Mit deren Aneinanderreihung entsteht wiederum eine Prozesskette. Prozesse sind u.a. nach der Art, z.B. Dienstleistungsprozessen, wie Leistungen der Geburtshilfe, oder nach ihrer Bedeutung zum Ergebnis zu unterscheiden. Tab. 3 zeigt Arten und Aufgaben von Prozessen sowie Ablaufbereiche (vgl. Haubrock 2009: 275-277).

Tab. 3: Arten und Aufgaben von Prozessen sowie Ablaufbereiche
(Quelle: Weigert 2008: 152-154)

Kernprozesse	Supportprozesse	Managementprozesse
direkter Beitrag zum Gesamtergebnis	indirekter Beitrag zum Gesamtergebnis	indirekter Beitrag zum Gesamtergebnis
Aufgaben von Prozessen		
Kernleistungen, direkter Bezug zur Patientin, z.B. Aufnahme, Diagnostik, Geburtshilfe, Pflege	Unterstützung und optimale Förderung aller ablaufenden Kern- und Managementprozesse	sachliche, personelle und zeitliche Koordination aller ablaufenden Prozesse in allen Bereichen
Kernbereiche	Supportbereiche	Managementbereiche
Kreißsaal, Anästhesie, OP, Wochenbettstation, Neonatologie	Labor, Apotheke, Raumreinigung	Qualitätsmanagement, Beschaffungsmanagement, Personalmanagement

Das **Prozessmanagement** umfasst Aufgaben der **Prozessanalyse**, u.a. die Ist-Standermittlung mit Auswahl, Abbildung und Bewertung der Ist-Prozesse. Es beinhaltet weiter die **Prozessgestaltung,** u.a. mit der Entwicklung von Vorstellungen über einen Soll-Stand, der Auswahl von Maßnahmen, mit der Bestimmung von Kennzahlen und Zielwerten, der Umsetzung von Maßnahmen und dem **Controlling** bzw. der **Evaluation** (vgl. Zapp, Otten 2010b: 117).

Ein systematisches Prozessmanagement schafft Transparenz, die Voraussetzung zielorientierter Prozessoptimierung ist. Häufige Ziele sind die Erhöhung der Effizienz, der Qualität und die Reduktion von Zeitaufwand. Diese Aufgaben werden zunehmend Chef- und Oberärzten sowie leitenden Pflegekräften übertragen. Sie tragen damit nicht nur die Verantwortung für den **qualitativen,** sondern auch für den **wirtschaftlichen** Erfolg oder Misserfolg ihrer Abteilung.

4.4 Zur Nutzung der Balanced Scorecard in der Konzeptentwicklung

4.4.1 Kurzvorstellung der Balanced Scorecard

Grundgedanken und wesentliche Elemente der Balanced Scorecard (BSC) sind Bestandteile des Konzepts. Sie werden deshalb nachfolgend in Kürze vorgestellt. Die BSC ist eine umfassend - integrierende, ziel- und kennzahlenorientierte Managementmethode. Sie wurde ab Anfang 1990 von Kaplan und Norton in den USA entwickelt. Das Ziel war, neben **finanziellen Kennzahlen**, z.B. der Gewinn, auch **nichtfinanzielle Kennzahlen** zum Beitrag der Mitarbeiter am Gewinn des Unternehmens zu bilden und deren Messbarkeit zu gewährleisten. Eine nichtfinanzielle Kennzahl ist z.B. die Anzahl der Fortbildungen je Mitarbeiter pro Jahr. Das Management setzte die BSC in der Praxis schnell auch zur Ausrichtung des Unternehmens auf Ziele, zur Nutzung einer transparenten Strategie sowie zur Unterstützung bei deren Umsetzung ein.

In deutschen Krankenhäusern liegen nur geringe Erfahrungen mit der Anwendung der BSC vor (vgl. Kaplan, Norton 2001: VIII; Reinecke 2009: 84, 103).

Die Grundgedanken der BSC gehen von Überlegungen zur Vision (übergeordnete, strategische Ziele) und Mission (Aufgabe/Auftrag) aus. Daraus werden Kernaussagen und weitere strategische und operative Ziele abgeleitet, formuliert und den wesentlichen Ebenen des Leistungserbringungsprozesses zugeordnet. Diese Ebenen (auch Perspektiven) werden klassisch als Finanz-, Kunden-, interne Prozess- sowie Lern- und Entwicklungsebene bezeichnet. Die Bezeichnung der Ebenen, die inhaltliche Bedeutung und die Anzahl der Ebenen sind individuell wählbar (vgl. Kaplan, Norton 2001: 40, 41; 120).

Die Formulierung der Ziele erfolgt unter ausgewogenem **(balanced)** Einbezug aller vier Ebenen. Alle Ziele sind konsequent am Erreichen eines bzw. mehrerer übergeordneter Ziele orientiert. So können Zielkomplementaritäten (s. Glossar) gezielt genutzt sowie potentielle Zielkonflikte klar und vermieden werden.

Für jedes Ziel werden Maßnahmen abgeleitet und für jede Maßnahme eine Kennzahl mit Zielwert (bzw. eine Zielwertspanne) bestimmt. Die Messbarkeit ist Voraussetzung für das spätere Controlling bzw. die Evaluation. Im Ergebnis entsteht auf diese Weise ein Ziele- und Maßnahmenpaket. Dieses „Paket" zeigt **die Strategie eines Unternehmens**, eines Krankenhauses, einer einzelnen Abteilung, auch die eines einzelnen Mitarbeiters, in einer transparenten und verständlichen Abbildung (als **Scorecard**) (vgl. Greulich et al. 2005: 61, 72-73).

Durch Analyse der Ursache-Wirkungsketten in horizontaler und vertikaler Form werden die **kausalen Verknüpfungen aller Ziele und Maßnahmen mit dem übergeordneten Ziel** logisch-plausibel. Nicht verknüpfte, unplausible Ziele und Maßnahmen werden entfernt.

An der der BSC wird u.a. häufig kritisiert, dass sich die logisch-plausiblen Verknüpfungen nur bedingt rechnerisch nachweisen lassen, z.b. auch aufgrund der Grenzen der Messbarkeit einzelner Kennzahlen

(s. Glossar unter Kennzahlensystem) (Zapp et al. 2010a: 169).

Anlage 1 zeigt ein Beispiel einer BSC für eine geburtshilfliche Abteilung. Das übergeordnete Ziel ist hier ein finanzielles Ziel. Die Bezeichnung der ersten drei Ebenen entspricht der klassischen Form, die Lern- und Entwicklungsebene wird als Ebene der Ressourcen bezeichnet. Inhaltlich sind

➢ der **Finanzebene** finanzielle Ziele, z.B. zu Erlösen und Kosten

➢ der **Kundenebene** Ziele zu relevanten Kunden, zur Qualität erbrachter Leistungen und zu deren (Außen)Darstellung

➢ der **Prozessebene** Ziele zu Kern-, Support- und Managementprozessen

➢ der **Ebene der Ressourcen** Ziele im Bezug auf die Mitarbeiter, auf die Ausstattung (s. Glossar) und auf die Infrastruktur zugeordnet.

Die Gestaltung dieser BSC wurde im Hinblick auf das Ziel dieser Arbeit gewählt. Sie wird im Folgenden in der beschriebenen Form weiter genutzt.

4.4.2 Gründe und Grenzen der Nutzung in der Konzeptentwicklung

Die Grundgedanken und wesentlichen Elemente der BSC eröffnen den umfassend - integrierenden Bick auf wesentliche Ebenen im Prozess der Leistungserbringung. Damit werden wechselseitige Zusammenhänge deutlich. Deren Transparenz ist hilfreich, einseitig, funktionsorientierte oder auf die finanzielle Ebene reduzierte Betrachtungsweisen zu vermeiden. Die BSC eröffnet den Blick auf vielfältige Maßnahmen zur Erhöhung der Effizienz. Sie zeigt die Bedeutung von Zielen und einer Strategie. Deren plausible Abbildung kann zur **Verständlichkeit, Akzeptanz** und **Motivation** der Mitarbeiter während der **Umsetzung** von Maßnahmen beitragen. So wird wiederum die **Wirkung** von Maßnahmen zur Erhöhung der Effizienz unterstützt (vgl. Kaplan, Norton 2001: 3). Die Nutzung der BSC in dem vorliegenden Buch hat Grenzen. So werden Kennzahlen und Zielwerte nur an wenigen Beispielen gezeigt, u.a. weil deren Definition von individuellen Zielen der Abteilung abhängig ist.

Teil B: Gesetzliche Regelungen und die Heterogenität der Ausgangslage

Im Folgenden werden die wichtigsten gesetzlichen Regelungen kurz erläutert. Sie sind in allen Abteilungen der Krankenhäuser bei der Formulierung von Zielen, der Strategie und letztlich zur Auswahl von Maßnahmen zu berücksichtigen.

1 Gesetzliche Regelungen zur Leistungserbringung

1.1 Gesetzliche Regelungen zur Finanzierung

Die wirtschaftliche - effiziente Leistungserbringung ist nicht optional, sondern im **Wirtschaftlichkeitsgebot des** §12 SGB V festgeschrieben. Dort heißt es, dass erbrachte Leistungen ausreichend, zweckmäßig und wirtschaftlich sein müssen. Das Maß des Notwendigen darf nicht überschritten werden.

Im **KHG-Krankenhausfinanzierungsgesetz** sind seit 1972 Grundlagen der Krankenhausfinanzierung geregelt. Diese beruht auf zwei Säulen, der sogenannten „dualen Finanzierung". Danach werden Investitionskosten durch die Bundesländer und Betriebskosten über Leistungsentgelte (u.a. Erlöse der DRG´s) durch die Krankenkassen finanziert. Konkretisierende Regelungen enthalten zahlreiche weitere Gesetze und Verordnungen, u.a. die Abgrenzungsverordnung (AbgrV). Voraussetzung für den Anspruch auf Investitionskostenfinanzierung ist die Zulassung des Krankenhauses nach §108 SGB V und die Aufnahme in den Krankenhausplan des Landes. Die Zahlung erfolgt in Form einer jährlichen Pauschale und/oder im Zuge der Einzelförderung.

§17b KHG schreibt seit 2004 verpflichtend die Vergütung stationärer Krankenhausleistungen mit Fallpauschalen vor (einschl. der Geburtshilfe, für die Psychiatrie verpflichtend ab 2013 vorgesehen) (vgl. Münzel, Zeiler 2010: 21-25, 100-103, 132, 146).

Anpassende Regelungen zur Krankenhausfinanzierung trifft das **Krankenhausfinanzierungsreformgesetz (KHRG).** Es ist seit 2009 in Kraft. Danach können die Länder seit dem 1.1.2012 Pauschal- und Einzelförderung zu sogenannten „leistungsorientierten Investitionspauschalen" zusammenlegen.

Im KHRG werden im Einzelnen die Regelungen und Ausnahmetatbestände zur derzeit laufenden Konvergenzphase an einen **weitgehend einheitlichen BBFW** bestimmt. Dieser soll künftig landesweit ein einheitliches Erlösniveau für gleiche Leistungen sichern (vgl. Neubauer, Beivers 2010: 9; Augurzky et al.: 15, 16).

1.2 Gesetzliche Regelungen zur Sicherung der Qualität

Nach §108 SGB V zugelassene Krankenhäuser sind entsprechend §135a SGB V zur Sicherung der Qualität ihrer erbrachten Leistungen verpflichtet. Diese müssen dem jeweiligen Stand der wissenschaftlichen Erkenntnisse entsprechen und in der fachlich gebotenen Qualität erbracht werden. **Zur externen Qualitätssicherung** besteht die Pflicht, sich an einrichtungsübergreifenden Maßnahmen zu beteiligen, die insbesondere auf die Verbesserung der Ergebnisqualität zielen.

Dazu übermitteln Krankenhäuser Kennzahlen zu definierten Qualitätsindikatoren (QI) von medizinischen und pflegerischen Leistungen ihrer Fachabteilungen an das AQUA-Institut (Institut für angewandte Qualitätsförderung und Forschung im Gesundheitswesen). Die Ergebnisse werden jährlich durch das Institut ausgewertet und können unter **www.aqua-institut.de** eingesehen werden.

Der Zweck ist die Möglichkeit zum bundesweiten Benchmarking zwischen Fachabteilungen, das Hinweise für Verbesserungspotentiale aufzeigen kann.

Nach §137 SGB V haben Krankenhäuser seit 2005 alle zwei Jahre einen strukturierten Qualitätsbericht zu erstellen und im Internet zu veröffentlichen. Inhalt und Umfang sind weitgehend vorgegeben, u.a. die Veröffentlichung von Struktur- und Leistungsdaten. Optional können ergänzende Informationen gezeigt werden, z.B. zu medizinischen Leistungs- oder zu nichtmedizinischen Serviceangeboten (vgl. Hahne 2011: 26, 32,33).

Die Zielgruppen und den Zweck des Qualitätsberichts zeigt Tab. 4:

Tab. 4: Zielgruppen und Zweck des Qualitätsberichts
(Quelle: Hahne 2011: 32, 33)

Zielgruppen	Zweck des Qualitätsberichts
Patienten	zur Krankenhauswahl mit entsprechendem Leistungsangebot und Ergebnissen in hoher Qualität
Krankenhäuser	zum bundesweiten Benchmarking
einweisende Ärzte	zur Einweisung ihrer Patienten in Krankenhäuser mit entsprechendem Leistungsangebot und Ergebnissen in hoher Qualität
Kostenträger	zur Nutzung von Kosten- und Qualitätsaspekten als Vertragsgegenstand

Zur interne Qualitätssicherung ist nach §135a SGB V ein Qualitätsmanagementsystem (QM-System) einzuführen und dieses stetig weiterzuentwickeln. Das System/Modell ist frei wählbar, z.B. ein QM-System aus der DIN EN ISO 9000-Familie bzw. das EFQM-Modell (European Foundation for Quality). Derzeit besteht für Krankenhäuser keine Zertifizierungspflicht, z.B. nach KTQ (Kooperation für Transparenz und Qualität im Gesundheitswesen) oder abteilungsspezifisch zum „Babyfreundlichen Krankenhaus". In der Rehabilitation ist die Zertifizierung gesetzliche Pflicht. Die Verpflichtung kann daher auch für Krankenhäuser zukünftig erwartet werden (vgl. Ertl-Wagner et al. 2009: 17, 170).

Die Einführung eines Risikomanagementsystems (RMS) zur Identifikation und Bewältigung u.a. wirtschaftlicher, technischer oder klinischer Risiken bzw. Krisen ergibt sich für Krankenhäuser mit den Rechtsformen AG und GmbH aus einer Reihe von Gesetzen, u.a. dem Gesetz zur Kontrolle und Transparenz im Unternehmensbereich (KonTraG) (vgl. Hahne 2011: 223-225).

Der Gemeinsame Bundesausschuss (G-BA) fasst nach §137 SGB V Beschlüsse über Mindestmengen. So sind z.b. zur Versorgung Früh- und Neugeborener Mindestmengen definiert (s. Glossar unter Neonatologie). Werden diese voraussichtlich nicht erreicht, dürfen Leistungen nicht erbracht werden. Ausnahmen sind auf Antrag des Krankenhauses bei der Landesbehörde möglich, z.b. zur Sicherstellung einer flächendeckenden Versorgung der Bevölkerung.

1.3 Zusammenfassung weiterer Gesetze und Verordnungen

Eine Zusammenfassung weiterer Gesetze und Verordnungen mit thematischer Relevanz (im Auszug) sowie Beauftragten zu deren Überwachung zeigt Tab. 5:

Tab. 5: Zusammenfassung weiterer Gesetze und Verordnungen mit Beauftragten (Quelle: Ertl-Wagner et al. 2009: 131-135)

Gesetze und Verordnungen	Beauftragte zur Überwachung der Gesetze
auf der finanziellen Ebene	
Krankenhausentgeltgesetz	
Fallpauschalenverordnung	DRG-Beauftragter
auf der Ebene der Kunden	
Bürgerliches Gesetzbuch	
Bundesdatenschutzgesetz	Beauftragter für Datenschutz
Heilmittelwerbegesetz	
Gesetz gegen unlauteren Wettbewerb	
auf der Ebene der Prozesse	
Krankenhaus-Hygiene-Gesetz, Hygieneverordnung	Krankenhaushygieniker
Infektionsschutzgesetz	Hygienebeauftragte
Gefahrstoffverordnung	Gefahrgutbeauftragter
Brandschutzverordnung	Brandschutzbeauftragter
Arbeitssicherheitsgesetz	Sicherheitsbeauftragter
auf der Ebene der Potentiale - die Mitarbeiter	
Arbeitszeitgesetz, Arbeitsschutzgesetz	Betriebsrat, Betriebsarzt
Hebammengesetz, Krankenpflegegesetz	
Musterberufsordnung und Weiterbildungsordnung der Ärzte	
auf der Ebene der Potentiale - Ausstattung und Infrastruktur	
Medizinproduktegesetz	Medizinproduktebeauftragter
Apothekengesetz	
Arzneimittelgesetz, Betäubungsmittelgesetz, Transfusionsgesetz	Transfusionsbeauftragter
Energiesparverordnung	

2 Die Heterogenität der Ausgangslage

Geburtshilfliche Abteilungen sind keine Inseln, sondern eng in die Strukturen ihres Krankenhauses bzw. des -trägers, in ihre regionale (Stadtstaat, Landkreis) und überregionale Umwelt (Bundesland) eingebunden. Daraus resultiert die heterogene Ausgangslage, die Vor- oder Nachteile für die einzelnen Abteilungen im Bezug auf die Ausgangseffizienz und auf die Wettbewerbsposition generiert. Die heterogene Ausgangslage wird nachfolgend zunächst auf einer übergeordneten Ebene zusammengefasst, danach auf den vier Ebenen der BSC.

2.1 Ausgangslage auf einer übergeordneten Ebene

Zur Lage: Die regionale Standortverteilung geburtshilflicher Abteilungen in Krankenhäusern reicht von Inselstandorten, etwa dem in Bergen auf Rügen, über vereinzelte Standorte in ländlichen Gebieten, z.B. von zwei im Vogelsbergkreis in Hessen, bis hin zu dichter Verteilung, z.B. in großen Städten. So befinden sich z.B. in Hamburg mehr als zehn Krankenhäuser mit geburtshilflichen Abteilungen (vgl. Klauber et al. 2012: 484, 477, 478; Göbel, Wolff 2012: 143).

Zu Trägerschaft und Rechtsform: Geburtshilfliche Abteilungen sind in Krankenhäusern diverser Trägerschaft, z.B. privater, kommunaler, universitärer oder frei-gemeinnütziger Trägerschaft und Rechtsform, z.B. GmbH oder AG, integriert. Im Allgemeinen ist die Effizienz bei privaten Trägern höher. Neben Geldern vom Land sind ihnen weitere Kapitalquellen leicht zugänglich, z.B. AG´s die Börse. Die meisten privaten Träger, wie die Rhön-Klinikum-AG, nutzen dies. Sie investieren diese Gelder stetig in den Erhalt der Attraktivität ihrer Krankenhäuser und zur Senkung der Prozesskosten. Damit werden finanzielle Mittel frei, die gezielt reinvestiert werden und zu weiteren Effizienzerhöhungen führen sollen bzw. können (vgl. Reschke 2010a: 36; Pföhler, W. 2010: 283, 284).

Zur Versorgungsstufe und Größe: Krankenhäuser haben je nach Versorgungsstufe, z.B. Grund-, Regel- oder Maximalversorgung, eine unterschiedliche Anzahl von Fachabteilungen. Im Allgemeinen führt ab etwa 10 Fachabteilungen die Existenz jeder weiteren Fachabteilung zur Erhöhung der Gesamteffizienz des Krankenhauses (vgl. Werblow et al. 2010: 41).
In den kleinsten geburtshilflichen Abteilungen werden weniger als 100 Geburten verzeichnet, z.B. in der Inselklinik auf Amrum **65 Geburten im Jahr** 2011.

In den größten finden mehr als 2000 Geburten pro Jahr statt, z.B. im Südstadt-Krankenhaus Rostock etwa **2400 Geburten pro Jahr** (vgl. Geburten auf Amrum; Geburten in Rostock). Tendenziell bilden sich (Geburts)Zentren durch die Schließung kleinerer Abteilungen. Vorteile bestehen in mittleren und größeren Abteilungen, weil hier Kostendegressionseffekte zu erwarten sind.

2.2 Ausgangslage auf der Ebene der Finanzen

Die Investitionskostenfinanzierung erfolgt in den Bundesländern in unterschiedlichem **Verhältnis** zwischen **Einzel- und Pauschalförderung**. Diese Unterschiede werden durch die o.g. optionale Zusammenlegung weiter verstärkt. Vorteilhaft sind jährliche Pauschalbeträge. Sie werden ohne Antrag im Rahmen einer investiven Zweckbindung zur Verfügung gestellt. Einzelförderung muss beim Land für (zweck)bestimmte Investitionen aufwändig beantragt werden.

Die Bewilligung kann mehrere Jahre dauern, so dass der Zweck bei Zahlung u.U. nicht mehr existiert oder inzwischen ein anderer ist. Den **Umfang** der finanziellen Mittel bestimmt der mehr oder weniger begrenzte Haushaltsrahmen des Bundeslandes (vgl. Münzel, Zeiler 2010: 103, 104; Debatin et al. 2010: 37, 39).

Vorteile im Wettbewerb haben Krankenhäuser, die ihre Investitionskosten prospektiv beantragen und sich in Bundesländern mit solider Haushaltslage, die überwiegend pauschal fördern, befinden.

Krankenhäuser in Bundesländern mit niedrigen Landesbasisfallwerten (LBFW) können während der laufenden Konvergenzphase mit steigenden Erlösen rechnen, z.B. in Schleswig-Holstein, in Mecklenburg-Vorpommern oder in Thüringen. Krankenhäuser mit hohen LBFW haben sinkende Erlöse zu erwarten, z.B. neben den o.g. auch in Berlin und in Bremen (vgl. Augurzky et al. 2010: 15, 16).

Die **Kosten je allgemeinem, stationärem (Behandlungs)Fall** waren 2010 auf Länderebene in Mecklenburg-Vorpommern und Sachsen am geringsten, in Bremen und Hamburg am höchsten (vgl. Statistisches Bundesamt 2012b).

Anlage 2 zeigt am Beispiel **häufiger geburtshilflicher Leistungen (Fälle)** die Erlöserrechnung und gegenwärtige Erlösunterschiede zwischen Bundesländern.

Das Institut für das Entgeltsystem im Krankenhaus (InEK, s. Glossar) stellt im Datenportal weitere Struktur- und Leistungsdaten der Kalkulationskrankenhäuser (s. Glossar) aus dem Jahr 2010 für Nutzer zur Verfügung. Diese Daten sind nicht zur Veröffentlichung bestimmt und deshalb hier nicht Thema (vgl. InEK 2012).

Wirtschaftlicher Erfolg setzt permanente Transparenz über Leistungen, Erlöse, Kosten und das Ergebnis (Gewinn oder Verlust) für das Management voraus (vgl. Bienert 2005: 29).

Transparenz entsteht durch Informationen, z.B. aus Daten bzw. **Kennzahlen**. In Krankenhäusern werden unterschiedliche Kennzahlen und -systeme verwendet. Üblich ist die Nutzung finanzieller Kennzahlen, z.B. zu Kosten und Leistungen und als System u.a. das KLEE - Rechnungssystem (s. Glossar). Fraglich ist, wie o.g., ob permanente Transparenz inzwischen in allen Krankenhäusern vorliegt.

Nicht immer werden effektive Kennzahlen auf allen Ebenen erhoben (**die richtigen**, z.B. adäquate, und **richtige**, z.B. valide). Teilweise sind sie nicht aktuell, werden nur unregelmäßig kommuniziert, sind für Mitarbeiter des Managements unverständlich aufbereitet oder fehlen. Die Informationsbasis wird so geschmälert und kann nicht zeitgerechte, fehlerhafte oder fehlende Entscheidungen mit Beeinträchtigungen der Effizienz nach sich ziehen. Letzteres ist auch der Fall, wenn redundante bzw. irrelevante Kennzahlen erhoben werden.

Die (Weiter)Entwicklung der Kennzahlen und -systeme wird z.B. durch unklare Zuständigkeiten, Mängel in der Zusammenarbeit der dafür verantwortlichen Mitarbeiter und/oder fehlende Bereitschaft Einzelner, sich mit Kennzahlen auseinanderzusetzen, behindert (vgl. Melchert 2010: 362).

Intransparenz im Prozess der Erhebung und Aufbereitung wirft z.T. Fragen nach der **Qualität**, etwa der Richtigkeit (Objektivität) dieser **Kennzahlen** auf, z.B. die Gemeinkostenschlüsselung einer Abteilung für Energie, Reinigung usw.

Erbrachte Leistungen werden dokumentiert, überwiegend durch Ärzte kodiert und ein Rechnungsdatensatz erzeugt. Der Datensatz wird danach an die Krankenkasse der Patientin zur Erlösvergütung übermittelt (vgl. Münzel, Zeiler 2010: 143).

Die Dokumentation und Aktenführung sind häufig mangelhaft, z.B. aufgrund von Unvollständigkeit oder unleserlicher Schrift. Bei der Kodierung fehlt nicht selten Wissen, „ob das was bringt". So wird zu wenig, zu viel oder fehlerhaft, z.B. unplausibel kodiert (u.a. wenn Prozeduren nicht mit Diagnosen übereinstimmen). Mindererlöse können die Folge sein. Auffallend häufig fehlerhafte Kodierung kann **vermehrte Rechnungsprüfungen** durch den Medizinischen Dienst der Krankenkassen (MDK) nach sich ziehen. Sie beeinträchtigen die Effizienz durch Mehraufwand, z.B. die Rechnungsüberarbeitung oder/und durch die zeitlich verzögerte Erlösvergütung (vgl. Rapp 2010: 19, Waldmann 2010: 322, 323).

2.3 Ausgangslage auf der Ebene der Kunden

Die Anzahl relevanter Kunden kann nicht unabhängig von der Effizienz der Leistungserbringung gesehen werden, weil erst über dem „Break-Even-Point" (s. Glossar) Gewinne erzielt werden können (vgl. Thiex-Kreye 2005: 119).

Relevante Kunden geburtshilflicher Abteilungen sind selbstverständlich Patientinnen, die Leistungen direkt in Anspruch nehmen. Niedergelassene Ärzte, freiberufliche Hebammen und Krankenkassen können indirekt die Inanspruchnahme von Leistungen durch Zu- oder Abweisung steuern. Deshalb sind auch sie als relevante Kunden anzusehen. Das Beziehungs- und Kommunikationsmanagement berücksichtigt nicht immer alle relevante Kunden und deren spezifische Bedürfnisse, u.a. zur Art und dem Umfang an Informationen, den Zeitpunkten und im Hinblick auf bevorzugte Medien. Solche Mängel wirken sich negativ auf die Anzahl relevanter Kunden aus.

Die **Kundenakquise** hängt zunehmend von der **Qualität** erbrachter Leistungen und deren **transparenter Darstellung** ab. Qualität ist kein Zufall, sondern in erster Linie das Ergebnis zielorientierter Arbeit. Qualitätsziele existieren jedoch selten. Die Qualität ist nicht allen Mitarbeitern der Abteilung bekannt, obgleich Kennzahlen zu einzelnen Indikatoren im Krankenhausinformationssystem (KIS) vorliegen, z.B. pH-Werte (s. Glossar unter Blutgasanalyse) oder E-E-Zeiten (Entschluss zur SC - Entwicklungszeit bis zur Geburt des Kindes). Die Auswertung der (Ergebnis)Qualität erfolgt z.B. in Morbiditäts- und Mortalitätskonferenzen. Sie sind nicht überall und z.T. nur für Ärztinnen etabliert. Vielfach beschränken sie sich auf Feststellungen. Nicht immer werden alle möglichen Ursachen, z.B. die Arbeitsbedingungen oder die infrastrukturellen Bedingungen in die Auswertung einbezogen. Oft fehlen die Einordnung der erreichten (Ergebnis) Qualität im Zeitverlauf und ein Benchmarking, z.B. anhand bundesdurchschnittlicher Kennzahlen.

Die **Darstellung** der (sofern hohen) Qualität in den strukturierten Qualitätsberichten der Krankenhäuser ist für relevante Kunden **häufig intransparent**. Trotz zahlreicher Verbesserungen in den letzten Jahren sind viele dieser Berichte selbst für Mediziner, erst recht aber für Laien, schwer lesbar und unverständlich. Damit entfällt die effiziente Nutzung dieser ohnehin zu erstellenden Berichte als Marketinginstrument (vgl. Hahne 2011: 35-39).

2.4 Ausgangslage auf der Ebene der Arbeitsablaufprozesse

Zu Kernprozessen: Prozessorientierte Arbeitsablauforganisation, d.h. bereichsübergreifende, interdisziplinäre Zusammenarbeit, war und ist in **kleineren Abteilungen** meist eine Selbstverständlichkeit. Jede einzelne Geburt bedeutet hier die existentielle Legitimation.

In mittleren und großen Abteilungen überwiegt die funktionsorientierte Organisation. Die Aufgaben der Geburtshelfer werden hier unter **Arbeitsbedingungen** erfüllt, die durch Arbeitsverdichtung mit permanent hohem Volumen und punktuellen Spitzen, u.a. durch Notfallversorgung, gekennzeichnet ist. Die **Arbeitsverdichtung** geht mit Zeitdruck, Unruhe, einer lauten Geräuschkulisse und häufigen **Betreuungs- und Arbeitsunterbrechungen** einher. Bei Patientinnen sorgt dies nicht für die nötige Entspannung, u.a. weil die Mitarbeiter weniger lächeln, (ab)gehetzt wirken oder ungeduldiger sind.

Die **Notfallversorgung** erfordert mehrere Mitarbeiter. Währenddessen wird der laufende Betrieb durch wenige, z.T. Einzelne, kompensiert. Besonders brisant sind zeitgleich auftretende Notfälle. In mittleren und großen Abteilungen ist das keine Seltenheit. Unzureichend zur Verfügung stehende Ressourcen, z.B. qualifizierte, eingearbeitete Mitarbeiter, erschweren dann die Versorgung. **Ruhepausen** (s. Glossar) **im Sinne des ArbZG** werden u.a. deshalb selten eingehalten. Für die Mitarbeiter, insbesondere für Ältere, ist dies sehr belastend.

Diese Arbeitsbedingungen führen regelmäßig zu **Mängeln** in der Betreuung und zu **Fehlern**, z.B. vergessenen/zu späten Medikamentengaben, unvollständiger, unleserlicher Dokumentation oder außeracht gelassenem Arbeitsschutz. Verluste des Image (s. Glossar), von Erlösen oder Krankheit der Mitarbeiter belasten in der Folge die Effizienz. Weitere Fehler, z.B. „vergessene" Informationen bei der Dienstübergabe, ereignen sich nicht selten an den Schnittstellen (s. Glossar).

Die Verlagerung von immer mehr Aufgaben auf Ärzte hat in den vergangenen Jahren dazu geführt, dass Pflegekräfte ihre **beruflichen Potentiale nicht ausschöpfen**. Dies führt zu Überlastung bei einer bzw. vielfacher Unzufriedenheit bei anderen Berufsgruppen. Dagegen werden z.T. Aufgaben übernommen, die nicht Teil der Ausbildung sind, z.B. die Anlage des CTG bei Schwangeren auf der Wochenbettstation durch Gesundheits- und (Kinder)Krankenpflegerinnen. Die mangelnde Fähigkeit zur Beurteilung der Kurve kann bei Pathologien, z.B. Bradycardien (s. Glossar), zu hohen Kosten für Schadenersatzansprüche führen.

Die **Verweildauer** (VD) (s. Glossar) liegt nicht in allen Abteilungen in einem optimalen Bereich. Damit gehen Image- und Erlösverluste einher. Teilweise entstehen Kosten, die durch die erzielten Erlöse kaum gedeckt werden.

Kernprozessübergreifend werden Behandlungsprozesse dokumentiert, u.a. als Erinnerungshilfe und zum Erfüllen gesetzlicher oder rechtlicher Anforderungen. Dokumentationsmängel sind häufig. So kann unvollständige Textdokumentation zu fehlender oder unplausibler Kodierung mit nachfolgenden Erlöseinbußen führen. Unleserliche Schrift bedeutet mühsames Lesen und kostet zusätzliche Arbeitszeit. Auch Doppeldokumentation erfordert mehr Arbeitszeit, deren Aufwand ohne Nutzen ist und deshalb die Effizienz beeinträchtigt.

Defizite in der internen **Kommunikation** zwischen Mitarbeitern, z.B. lückenhafte Absprachen unter Zeitdruck führen u.a. zu überflüssigen, fehlerhaften oder fehlenden Leistungen und nachfolgend zu Ineffizienzen. Extern wecken Behandlungsversprechungen gegenüber Patientinnen, z.B. auf dem Informationsabend oder auf der Homepage Erwartungen, deren Erfüllung den Mitarbeitern in der Praxis nicht immer möglich ist. Imageverluste sind die Folgen. Alltägliche **Konflikte** kosten Kraft, die für Kernaufgaben nicht (mehr) zur Verfügung steht. Reduzierte Leistungs- und Konzentrationsfähigkeit erhöhen die Fehlerquoten und belasten die Effizienz. Konstruktive Möglichkeiten zur Lösung von Konflikten für die Weiterentwicklung werden insgesamt zu wenig genutzt.

Nosokomiale Infektionen (NI) (s. Glossar) sind in der Geburtshilfe v.a. Harnwegs-, Wundinfektionen, Endometritis und Mastitis. Unnötige NI durch Hygienemängel belasten die Gesundheit der Patientinnen und das Image.

Sie verlängern die VD und verursachen Kosten die durch die erzielten Erlöse kaum gedeckt werden (vgl. Thele, Zygmunt 2012: 107).

Zu Supportprozessen: Die Ver- und Entsorgung mit Wäsche/Schmutzwäsche oder die Reinigung der Bereiche ist aufgrund flexibler Bedarfe nicht durchgängig gesichert. Nach unerwartet vielen Geburten fehlen Teile frischer Wäsche. Außerhalb der Kernarbeitszeiten wird meist durch Pflegekräfte geputzt.

Zu regelmäßigen Versorgungsbrüchen, z.B. mit Sterilgut, Medikamenten und Einmalmaterial, kommt es immer wieder auch durch logistische Mängel.

Arbeitszeit, die mit „Borgen des Materials von der Nachbarstation" oder Putzen der Räume gefüllt wird, fehlt zur Betreuung und Überwachung der Patientin.

Zu Managementprozessen: Das Fachgebiet Geburtshilfe stellt aus Sicht der Versicherer eines der am höchsten bewerteten, finanziellen Risiken dar. Ein etabliertes RMS ist Voraussetzung für eine Krankenhaushaftpflichtversicherung mit günstigen, stabilen und langfristig sinkenden Beiträgen. Ein solches im Zusammenhang mit einer Fehlerkultur befindet sich häufig erst im Aufbau, sichtbar daran, dass Fehler immer noch tabuisiert und Schadensfälle verschwiegen abgehandelt werden. Schadensfälle ziehen Gerüchte, Unsicherheiten, Ängste und in der Folge <u>anhaltend</u> ineffiziente Überversorgung nach sich. Nur selten wird zum Abbau dieser o.ä. Defizite professionelle Unterstützung durch die Mitarbeiter der Abteilung für **Qualitäts- und Risikomanagement** des Krankenhauses genutzt. Ein Versicherungskonzept mit Überdeckung der versicherten Leistungen ist ineffizient, eine Unterdeckung bedroht im Schadensfall die Existenz des gesamten Krankenhauses (vgl. Tecklenburg 2009: 265, Knoch 2011: 280 ff.).

Das **Personalmanagement (PM)** ist für die Mitarbeiter vielfach die „Verwaltung", was praktisch oft (noch) der Fall ist. Tradierte, wechselseitige Hemmungen behindern die Zusammenarbeit. Sie birgt viele Effizienzpotentiale, z.B. die gemeinsame Erarbeitung einer akzeptierten Lösung bei Personalausfall.

2.5 Ausgangslage auf der Ebene der Ressourcen
2.5.1 Ausgangslage auf der Ebene der Mitarbeiter

Mitarbeiter sind die wichtigsten Ressourcen. Bei Ärzten besteht ein gravierender, seit Jahren bekannter, Fachkräftemangel, der zunehmend auch Pflegekräfte betrifft. Ein Grund ist die demografische Entwicklung. Sie geht zudem mit steigendem Durchschnittsalter aller Mitarbeiter einher. Die Arbeitsbedingungen entsprechen dieser Entwicklung nur wenig. Zunehmend äußern Mitarbeiter, dass die Arbeit unzufrieden oder „krank macht", das Renteneintrittsalter so nicht gesund zu erreichen und der Arbeitsplatz deshalb kein „Great Place to work" ist.
Die praktische Facharztausbildung läuft in Deutschland „on the job" - nebenher, mit Primat auf der Arbeit, und unter o.g. Arbeitsbedingungen häufig suboptimal ab. Hohe Effizienzpotentiale liegen in verbesserten Arbeitsbedingungen sowie in der Bindung von Mitarbeitern, z.B. durch Senkung der Kosten im Zusammenhang mit Krankheit und Fluktuation. Damit könnten sich auch die Bedingungen der Ausbildung verbessern, z.B. wenn Jüngere von dauerhaft gesunden und lange im Beruf verbleibenden Älteren lernen (vgl. Lüthy 2010: 134, Polonius 2009: 230).

2.5.2 Ausgangslage auf der Ebene der Ausstattung und Infrastruktur

Die **Beschaffung der Ausstattung** erfolgt überwiegend über den Zentraleinkauf des Krankenhauses. Hier fällt die Auswahlentscheidung zwischen Potentialen mit ähnlicher Funktion häufig zugunsten des niedrigeren Einkaufspreises. Ein zu **wenig berücksichtigter Komplexitätsnutzen erhöht die Komplexitätskosten,** z.B. wenn der Schnittstellenaufbau des KIS sehr lange dauert, häufig nicht funktioniert, Kosten und Zeit zur Anforderung von und für Reparaturen nötig sind oder antiquarische Computer Energieineffizienzen (s. Glossar) aufweisen.

Nicht selten **fehlen Teile der Ausstattung**, z.B. CTG-Geräte, so dass der Arbeitsfluss behindert wird. Dies bedeutet nicht nur verlängerte Wartezeiten für die Frauen und mögliche Imageverluste. Unübersichtlichkeit über die Anzahl der Patientinnen und die im Einzelnen zu erbringenden Leistungen kann eine weitere Folge sein. **Unübersichtlichkeit** führt zu Fehlern, z.B. doppelten oder vergessenen Leistungen. Fehler belasten das Image und die Effizienz. Einige Teile der Ausstattung sind überflüssig. Sie blockieren Teile der Lagerflächen und führen zu ineffizienten „Räum- oder Suchaktionen" im Lagerraum.

Laufend instandgehaltene Krankenhausgebäude mit solider Bausubstanz und **energieeffizienter Ausstattung** sind in deutschen Krankenhäusern eine **Ausnahme.** Die knappen finanziellen Mittel werden eher in patientennahe Bereiche, z.B. in Teile der Medizintechnik, investiert. Die technische Ausstattung ist meist die vom Zeitpunkt der Inbetriebnahme. Energieineffiziente Heiztechnik oder Beleuchtung, undichte Fenster usw. erhöhen die Prozesskosten (vgl. Richter, Krantz 2010: 413).

Eine **räumlich enge Zusammenlage** wesentlich beteiligter Bereiche ermöglicht effiziente Arbeitsabläufe. Von den vier besuchten Abteilungen und der, in der die Autorin arbeitete, lagen/liegen nur in einem Fall Kreißsaal, Wochenbettstation und der OP räumlich eng zusammen. Allerdings war auch in diesem Fall die Lösung nicht optimal, denn die Neonatologie befand sich auf einer anderen Etage. Getrennte Bereiche verursachen Mehrkosten, u.a. durch doppelt notwendige Funktionsräume, deren Ausstattung, Beheizung, Pflege usw. Sie erfordern mehr Arbeitszeit, z.B. durch lange Wege zwischen den Bereichen. Lange Wege belasten bei hohem Arbeitsvolumen und bei Arbeitsspitzen die Mitarbeiter. Bereichsübergreifende Zusammenarbeit wird durch getrennte Bereiche behindert.

Teil C: Entwicklung des Konzepts

1 Ist-Standermittlung durch Prozessanalyse

Die Transparenz des Ist-Standes im Bezug zur Effizienz bzw. Ineffizienz ist die Basis für Ziele, die Strategie und Maßnahmen im Konzept. Der Ist-Stand kann durch **Begehung, Befragung** und/oder **Dokumentenanalysen** ermittelt werden. Die Prozessanalyse integriert all diese **Methoden** und schafft damit eine breite Informationsbasis, insbesondere, wenn sie unter Austausch allen Wissens **durch Mitarbeiter des Managements und der Abteilung durchgeführt wird**. Hier ist so viel Zeit wie nötig, aber keine darüber hinaus zu investieren. Der zeitliche bzw. finanzielle Aufwand darf den Informationsgewinn nicht übersteigen. Der Ablauf einer Prozessanalyse wird im Folgenden gezeigt (vgl. Bienert 2004: 13).

1.1 Auswahl der Prozesse zur Analyse

In der täglichen Praxis laufen eine Vielzahl komplexer Prozesse im Zusammenhang mit der Erbringung von Leistungen ab. Ein Überblick über alle Leistungen schafft Transparenz über Art und Umfang der ablaufenden Prozesse. Im Allgemeinen erbringen geburtshilfliche Abteilungen **ambulante Leistungen,** z.B. vorstationäre Leistungen oder Vorsorgeuntersuchungen, **stationäre Leistungen**, z.B. Leistungen unter der Geburt, im Wochenbett und zur Versorgung des Kindes sowie **komplementäre Leistungen**, z.B. wahlärztliche Leistungen durch liquidationsberechtigte Ärzte oder Geburtsvorbereitungskurse. Transparenz setzt die weitere Reduktion der Komplexität voraus. Deshalb sollte aus diesen Leistungen eine, z.B. wichtige und/oder häufige Leistung bzw. ein Prozess zur Analyse ausgewählt werden. Wichtigste Kernleistungen bzw. -prozesse sind stationäre Leistungen. Deren Erlöse bestimmen maßgeblich die Einnahmen. Die **DRG O60D - Entbindung ohne komplizierende Diagnose** wurde in den vergangenen Jahren bundesweit neben der **DRG P67D - Gesundes Neugeborenes, Aufnahmegewicht über 2499 Gramm**, am häufigsten abgerechnet. Anzunehmen ist, dass diese Leistung auch am häufigsten erbracht wurde. Die Auswahl für ein Beispiel einer Prozessanalyse richtet sich daher auf diese DRG. Sie wird mit ihren Buchstaben und Zahlen in Anlage 3 vorgestellt, weitere geburtshilflich relevante DRG´s genannt und der Datenfluss bis zur Eingruppierung in eine DRG beschrieben. Am Ablauf dieser Leistungserbringung können ganz allgemein wichtigste und häufigste Prozesse vor, während sowie nach der Geburt abgebildet werden (vgl. u.a. Spindler 2011: 376; 2012: 434).

1.2 Prozessabgrenzung und Gliederung

Der ausgewählte **Kernprozess** ist zur Analyse noch immer zu komplex. Daher ist es sinnvoll, diesen zunächst von **Support- und Managementprozessen** abzugrenzen. Anschließend sind der **Beginn** und das **Ende** des jetzt abgegrenzten **Kernprozesses** zu definieren. Er kann z.b. von der **Aufnahme** der Schwangeren bis zur **Entlassung** der Wöchnerin und ihres Kindes reichen sowie auf Kernbereiche, wie den **Kreißsaal** und die **Wochenbettstation**, beschränkt sein.

Eine weitere (Unter)Gliederung in Teilprozesse, z.b. in Aufgaben und -inhalte sowie der Einbezug der Zuständigkeit der Berufsgruppe sind möglich. Die Gliederung erfolgt solange sie mit Blick auf das Ziel sinnvoll oder möglich ist.

Eine Abbildung des Kern- mit Teilprozessen in einer Prozesskette erhöht die Transparenz im Ablauf der Leistungserbringung durch einen visuellen Überblick. Zudem zeigen sich wechselseitige Abhängigkeiten innerhalb der Abläufe und Schnittstellen (vgl. Zapp, Otten 2010b: 91, 92; Weigert 2008: 149).

1.3 Abbildung des ausgewählten Kernprozesses

Zur Abbildung sollte auf vorhandene Prozessmodelle, z.B. aus dem QM, zurückgegriffen werden, um ineffiziente Doppelarbeit zu vermeiden. Diese können/müssen ggf. modifiziert werden. Liegen sie nicht vor, ist die Abbildung auf das verwendete bzw. zukünftig geplante QM-System/Modell abzustimmen. Die Möglichkeiten der Abbildung reichen von einfachen Ablaufdiagrammen über Ablauf-Matrix-Darstellungen bis hin zu mehrdimensionalen Prozessdiagrammen. Sie können mit Stift und Zettel oder am Computer mit einer mehr oder weniger professionellen Software angefertigt werden. Die **Auswahl richtet sich** nach dem Ziel der Abbildung und nach den **verfügbaren Ressourcen**
(vgl. Zapp, Otten 2010b: 95).

Ziele der folgenden, beispielhaften Abbildung 2, sind:

> ➢ Transparenz über wichtigste Arbeitsablaufprozesse in Kernbereichen
> ➢ Transparenz der Schnittstellen innerhalb und zwischen Kernbereichen

Sie zeigt den w.o. abgegrenzten Kernprozess in Kernbereichen in einem einfachen Ablaufdiagramm. Damit besteht die Möglichkeit zur differenzierten Anpassung an abteilungsspezifische Bedingungen. Zuständigkeiten für Aufgaben von Berufsgruppen wurden deshalb nicht einbezogen. Die gewählte Geburtsdauer, die beschriebenen Abläufe und die Verweildauer entsprechen üblichen Werten bzw. Verhältnissen bei räumlicher Trennung von Kreißsaal und Wochenbettstation.

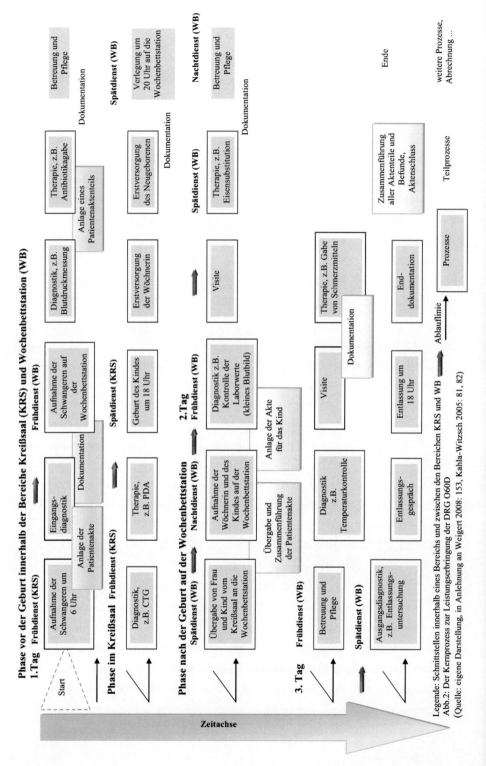

Phase vor der Geburt innerhalb der Bereiche Kreißsaal (KRS) und Wochenbettstation (WB)

1.Tag Frühdienst (WB)

Aufnahme der Schwangeren um 6 Uhr

Eingangsdiagnostik

Anlage der Patientenakte

Dokumentation

Aufnahme der Schwangeren auf der Wochenbettstation

Diagnostik, z.B. Blutdruckmessung

Anlage eines Patientenaktenteils

Therapie, z.B. Antibiotikagabe

Betreuung und Pflege

Dokumentation

Spätdienst (WB)

Verlegung um 20 Uhr auf die Wochenbettstation

Phase im Kreißsaal Frühdienst (KRS)

Diagnostik, z.B. CTG

Therapie, z.B. PDA

Dokumentation

Spätdienst (KRS)

Geburt des Kindes um 18 Uhr

Erstversorgung des Neugeborenen

Erstversorgung der Wöchnerin

Dokumentation

Nachtdienst (WB)

Betreuung und Pflege

Dokumentation

Phase nach der Geburt auf der Wochenbettstation

Spätdienst (WB)

Übergabe von Frau und Kind vom Kreißsaal an die Wochenbettstation

Übergabe und Zusammenführung der Patientenakte

Nachtdienst (WB)

Aufnahme der Wöchnerin und des Kindes auf der Wochenbettstation

Anlage der Akte für das Kind

2.Tag Frühdienst (WB)

Diagnostik z.B. Kontrolle der Laborwerte (Kleines Blutbild)

Visite

Spätdienst (WB)

Therapie, z.B. Eisensubstitution

3. Tag Frühdienst (WB)

Betreuung und Pflege

Diagnostik z.B. Temperaturkontrolle

Visite

Therapie, z.B. Gabe von Schmerzmitteln

Dokumentation

Spätdienst (WB)

Ausgangsdiagnostik, z.B. Entlassungsuntersuchung

Entlassungsgespräch

Entlassung um 18 Uhr

Enddokumentation

Zusammenführung aller Aktenteile und Befunde, Aktenschluss

Ende

Start

Ablauflinie

Prozesse

Teilprozesse

weitere Prozesse, Abrechnung …

Zeitachse

Legende: Schnittstellen innerhalb eines Bereichs und zwischen den Bereichen KRS und WB

Abb.2: Der Kernprozess zur Leistungserbringung der DRG O60D

(Quelle: eigene Darstellung, in Anlehnung an Weigert 2008: 153, Kahla-Witzsch 2005: 81, 82)

1.4 Abbildung des Kern- und der Support- und Managementprozesse

In einer zweiten Abbildung kann der ausgewählte, zunächst abgegrenzte Kernprozess nun in den Zusammenhang mit Support- und Managementprozessen gestellt werden, um weitere wechselseitige Abhängigkeiten, Zusammenhänge und Schnittstellen im Ablauf der Leistungserbringung transparent darzustellen.

Die Bedeutung der Schnittstellen ist immens, sie sollte nicht unterschätzt werden. Zum einen steigt die Problematik, u.a. aufgrund zunehmend beteiligter Bereiche. Zum anderen ist zu bedenken, dass Schnittstellen immer Übergänge bleiben, auch wenn deren Organisation als optimal bewertet wird. Aufgaben können vergessen oder fehlerhaft bearbeitet werden, so dass u.a. Versorgungsbrüche entstehen. Zwischenmenschliche Konflikte führen z.T. zum informellen Unterlaufen der Organisation, etwa wenn Mitarbeitern Informationen bewusst vorenthalten werden. Fehlende Informationen führen zu Fehlern, z.B. Fehlentscheidungen, die lediglich die Position des Einzelnen (auf Kosten des Anderen) stärkt.
Für die Gemeinschaft bedeutet dies jedoch Ineffizienzen.

Zur Abbildung bestehen auch hier wieder verschiedene Möglichkeiten. Die Auswahl richtet sich nach den o.g. Aspekten.
Ziele der folgenden, beispielhaften Abbildung 3 sind:
 - ➤ Transparenz der Schnittstellen zwischen der geburtshilflichen Abteilung und Supportbereichen
 - ➤ Transparenz der Schnittstellen zwischen der geburtshilflichen Abteilung und Managementbereichen

Sie zeigt den w.o. abgegrenzten Kernprozess im Zusammenhang mit Support-und Managementprozessen in einem einfachen Netzwerkdiagramm. Anfang und Ende von Support- und Managementprozessen werden zugunsten der Übersicht sowie der Grenzen dieses Beispiels nicht definiert.
Die wichtigsten Support- und Managementbereiche werden lediglich genannt.
Damit besteht wiederum die Möglichkeit zur differenzierten Anpassung der Abbildung an abteilungsspezifische Bedingungen. Auch hier wird aus o.g. Gründen die Ausführung der Aufgaben durch die Mitarbeiter nicht berücksichtigt.
Inhaltlich entspricht der Inhalt der Abbildung den üblichen Verhältnissen bei räumlicher Trennung von Kreißsaal und Wochenbettstation.

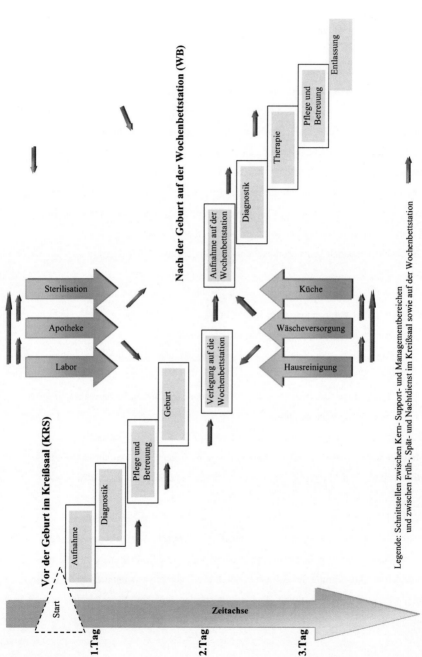

Abb.3: Der Kernprozess zur Leistungserbringung der DRG O60D im Zusammenhang mit Support- und Managementprozessen (Quelle: eigene Darstellung, in Anlehnung an Zapp, Otten 2010b: 114; Weigert 2008: 153)

1.5 Ermittlung des Ist-Standes

Je nachdem, wie detailliert der Ist-Stand ermittelt werden soll, können weitere Abbildungen, z.B. der Ablauf einer SC unter Einbezug des OP, angefertigt werden. Bereits die Betrachtung der einfachen Abbildung 3 zeigt, dass bei getrennten Abteilungen doppelte Prozessschritte ablaufen, z.B. in die Bereiche hinein = Wäschelieferung an zwei Bereiche bzw. = Management zweier Bereiche und aus den Bereichen heraus = Transport von Blutproben auf zwei Wegen an das Labor.

Zusätzliche Informationen, die nicht Teil der Abbildung sind, sollten in die Prozessanalyse einbezogen werden, um die Informationsbasis zu erweitern.

Dazu können Checklisten mit Fragen für die gewählten Bereiche auf den vier Ebenen der BSC erarbeitet werden, z.B. wie in Tab. 6:

Tab. 6: Fragen zur Ist-Standermittlung
(Quelle: eigene Darstellung, in Anlehnung an Tecklenburg 2010: 43)

Ebene der Finanzen	Besteht Transparenz über die Art und den Umfang aller Leistungen und deren Vergütungsform? Besteht Transparenz über die in diesem Zusammenhang entstehenden Kosten und die Ergebnisse (Gewinn oder Verlust)? Ist die zum Erhalt der Wettbewerbsfähigkeit notwendige Gewinnhöhe bekannt, ist die Gewinnhöhe ausreichend hoch? Können Rücklagen gebildet werden?
Ebene der Kunden	Wie schätzen wir unser Image ein? Ist die erreichte Qualität bezüglich einzelner Indikatoren dem überwiegenden Teil der Mitarbeiter bekannt? Wie ist unsere Qualität gegenüber regionalen Konkurrenten und im Bundesdurchschnitt einzuordnen?
Ebene der Arbeitsablaufprozesse	Ist die Arbeitsablauforganisation auf die gegenwärtig erbrachten und zukünftig geplanten Leistungen abgestimmt? Liegt die Verweildauer in einem optimalen Bereich?
Ebene der Potentiale	Unterstützt die Infrastruktur die prozessorientierte Arbeitsablauforganisation und die bereichsübergreifende - interdisziplinäre Zusammenarbeit? Sind Teile der Ausstattung in jedem Bereich jederzeit ausreichend vorhanden? Sind alle Teile zweckmäßig? Funktionieren sie zuverlässig?

Die Fragen sollten weitgehend kennzahlengestützt beantwortet werden können.

Informationsinhalte von und Informationsquellen für **Kennzahlen** zeigt Tab. 7:

Tab. 7: Informationsinhalte und Informationsquellen für Kennzahlen
(Quelle: eigene Darstellung, in Anlehnung an Tecklenburg 2010: 43)

Informationsinhalte	Informationsquelle
Art und Umfang von Leistungen	das Medizincontrolling
Erlöse, Kosten und Ergebnisse	das Finanzcontrolling
Beschwerden von Patientinnen	das Beschwerdemanagement
die Qualität im Bezug auf einzelne QI	das Qualitätscontrolling, das KIS
Quote der Einweiser im Einzugsgebiet	das KIS
Mitarbeiteranzahl je Berufsgruppe	die Personalabteilung
Art, Anzahl und Fläche von Räumen	Baupläne aus dem Facility-Management
Energie- und Wasserverbrauch	die Controllingabteilung
Ausstattungsbestände, z.B. Art und Anzahl medizintechnischer Geräte	aus eigener Ermittlung
Umfang und Zeitdauer des Verleihs von Geräten an andere Abteilungen	aus dem Ordner zum Geräteverleih

Kennzahlen, insbesondere zum finanziellen Ergebnis, werden Mitarbeitern der Abteilung nur selten offen mitgeteilt, allenfalls **in vager Form** wenn „Ergebnisse zufriedenstellen" oder „Zahlen nicht stimmen". Vollständige Transparenz über den Ist-Stand ist nur mit „ungeschminkten", offengelegten Kennzahlen möglich. Nur so wird ein bestehender Handlungsbedarf für die Mitarbeiter ersichtlich. Ohne dieses Wissen werden finanzielle Ziele, wie **die Erhöhung der Effizienz** eines ist, von Geburtshelfern **meist abgelehnt**. Sie fühlen sich in erster Linie ihrer Profession und nicht der Gewinnerwirtschaftung verpflichtet. Einzelne Krankenhäuser veröffentlichen ihre Zahlen, z.B. in einzelnen Bereichen oder für alle interessierten Mitarbeiter des Krankenhauses im Intranet, und haben damit gute Erfahrungen gemacht. Voraussetzung dafür ist **eine offene Unternehmenskultur**, in der es nicht um Schuldzuweisung bei negativen Ergebnissen, sondern um kontinuierliche Verbesserungen geht.

Existiert eine solche Kultur nicht (ausreichend), kann deren Auf- und Ausbau eine erste Maßnahme im Konzept sein. Mögliche Bedenken, Mitarbeiter durch Mitteilung von Verlusten zu überfordern oder Ängste zu schüren, sind keinesfalls zu verharmlosen. Negative Ergebnisse werden u.a. durch sinkende Geburtenzahlen oder/und atmosphärische Störungen meist geahnt.

Wird nicht darüber gesprochen, brodelt die Gerüchteküche, entstehen falsche Prophezeiungen und Ängste (vgl. Hildebrand 2001: 208, Kirstein 2010: 302).

1.6 Bewertung der Ergebnisse

Alle Kennzahlen und Informationen sind im Hinblick auf das übergeordnete Ziel zu bewerten. Die (Selbst)Bewertung ist ein wesentlicher Bestandteil im QM.

Der Einbezug von Mitarbeitern aus dieser Abteilung bietet daher sich an.

Menschen nehmen Sachverhalte unterschiedlich wahr und bewerten diese entsprechend subjektiv. Deshalb besteht ein hohes Konfliktpotential, u.a. auch, weil offenbarte Schwächen Nachteile, z.B. Vorwürfe, nach sich ziehen können.

Dies betrifft nicht nur qualitative Sachverhalte, z.B. in der Frage zum eingeschätzten Image. Auch quantitative Sachverhalte, z.B. Kennzahlen zu Verlust oder Gewinn, sind u.a. bezüglich ihrer Validität in Frage zu stellen und entsprechend als richtig oder falsch, als stark oder schwach zu bewerten.

Zusammenfassend sollten die offengelegten Ergebnisse sachlich, weder verharmlosend, noch beschönigend diskutiert und bewertet werden.

Ist dies nicht möglich, liegt die zweite Maßnahme im Konzept auf der Hand, z.B.

der Auf- bzw. Ausbau einer Kommunikations-, Konflikt- und Streitkultur.

Mit **nicht akzeptierten** Bewertungen weiterzuarbeiten, ist nicht sinnvoll. Maßnahmen haben so kaum Erfolgsaussichten (vgl. Bienert 2004: 54).

Die Ergebnisse können wie zur KTQ-Zertifizierung mit Zahlen versehen und danach eine Bewertung mit Noten vorgenommen werden, ggf. i.V.m. einer verbalen Bewertung. Möglich ist auch die Einordnung in ein Portfolio (unter Beachtung der Subjektivität bei der Einordnung). So entsteht ein Überblick über Stärken und Chancen sowie über Schwächen und Risiken (vgl. Bienert 2004: 193). Ein Beispiel für ein solches Portfolio zeigt Tab. 8:

Tab. 8: Portfolio mit Beispielen für Stärken/Schwächen und Chancen/Risiken (Quelle: Tecklenburg 2010: 42)

Stärken	Schwächen
Schwächen und Risiken sind bekannt, hohe Geburtenzahlen, hoher Anteil hochqualifizierter Mitarbeiter, Krankenhaus-Neubau, optimale räumliche Anordnung der wesentlich beteiligten Kernbereiche, moderne medizintechnische Ausstattung	Transparenz über erbrachte Leistungen, Kosten, Erlöse und Ergebnisse besteht nicht ausreichend, ein modernes Ultraschallgerät zur Diagnostik ist vorhanden, die Qualifikation liegt jedoch nicht bei ausreichend vielen Anwendern vor, Teile der Gebäudetechnik sind ineffizient
Chancen	**Risiken**
Optimierung der Zusammenarbeit mit niedergelassenen Ärzten und Hebammen, Verbesserung der Arbeits- und Ausbildungsbedingungen, Erhöhung der Attraktivität als Arbeitgeber, Bindung der qualifizierten Mitarbeiter, langfristiger Aufbau einer ausgewogenen Altersstruktur unter den Mitarbeitern	einzelne Qualitätsindikatoren liegen außerhalb des Referenzbereichs, es bestehen Mängel in der Zusammenarbeit zwischen einzelnen Berufsgruppen und Widerstände gegen Veränderungsmaßnahmen, die Arbeitsorganisation führt zu Ineffizienzen, die Haftpflichtversicherung ist nicht günstig oder/und weist Unterdeckung auf

Im Anschluss kann der bewertete Ist-Stand in den Zusammenhang mit der Entwicklungsphase (s. Glossar) der Abteilung gestellt werden, um Entwicklungstendenzen im Zeitverlauf zu erkennen. Der Ist-Stand ist weitergehend vor dem Hintergrund der Erwartungen der niedergelassenen Fach- und Allgemeinärzte sowie der Hebammen zu bewerten. Auch Stärken und Schwächen der Konkurrenten sollten (sofern zu ermitteln) in die umfassende Bewertung einfließen.

Insgesamt eröffnet der Vergleich des individuellen Ist-Stands mit externen Erwartungen bzw. Herausforderungen eigene Stärken und Entwicklungschancen und zeigt vor diesem Hintergrund bestehende Schwächen und Risiken klarer auf.

Abschließend sind Prognosen zum zukünftigen Bedarf an Leistungen der Geburtshilfe (Art und Umfang) in der Region zu treffen, denn die qualifiziertesten Leistungen nützen nichts, wenn kein Bedarf dafür besteht Jetzt können Ziele und die Strategie abgeleitet und formuliert werden (vgl. Tecklenburg 2010: 43, 44).

2 Ziele und die Strategie

2.1 Ziele und die Strategie des Krankenhauses

Ziele geben die Richtung vor, die Strategie beschreibt, wie (auf welchen Wegen bzw. mit welchen Maßnahmen) zur Zielerreichung vorgegangen wird. Kernaussagen zu übergeordneten Zielen sind auf den Homepages der meisten Krankenhäuser nachzulesen. Im Allgemeinen verfolgen öffentliche und freigemeinnützige Krankenhausträger eher bedarfswirtschaftliche Ziele, private Träger überwiegend erwerbswirtschaftliche Ziele und Universitätskliniken neben diesen auch Ziele in Lehre, Forschung und Ausbildung (vgl. Reinecke 2009: 87). Strategien nutzen vor allem private Krankenhausträger unter Akzentuierung einzelner Erfolgsfaktoren, z.B. Wachstum oder Qualität. Die Helios-Kliniken GmbH geht z.B. den Weg der Qualitäts- bzw. Differenzierungsstrategie. Hier soll höchste Qualität die Wettbewerbsposition sichern (vgl. Reschke 2010: 152, 153).

Ein an Bedeutung gewinnendes, langfristiges Ziel in der Strategie von Krankenhäusern wird die Sicherstellung der **wohnortnahen** Versorgung der Bevölkerung mit Leistungen der Geburtshilfe, **besonders in ländlichen Gebieten,** sein. Der Erhalt der geburtshilflichen Abteilung sollte für das Management deshalb eine hohe Priorität besitzen! Aus weiteren Überlegungen heraus bedeutet der Beginn des Lebens mit der Geburt in einem **„Kranken-Haus"**, **Lebensbejahung und Hoffnung.** Selbst sichtbar kranke Menschen beginnen zu lächeln, wenn sie mit ihrem Besuch an den freundlich - warm gestalteten Außenbereichen der Abteilung „mit den Babys" vorbeispazieren. Damit schafft diese Abteilung **positive Synergieeffekte** auch für andere Bereiche und einen **Imagegewinn** für das Krankenhaus aus ihrer bloßen Existenz heraus.

2.2 Ziele und die Strategie der geburtshilflichen Abteilung

Ziele und die Strategie der geburtshilflichen Abteilung sollten an den übergeordneten Zielen des Krankenhauses/des -trägers orientiert sein. Nur so wird für relevante, potentielle Kunden die gemeinsame Ausrichtung ersichtlich. Sind Ziele und Kernaussagen nicht aktuell oder finden keine Akzeptanz, sollten sie, als eine weitere Maßnahme im Konzept, in interdisziplinärer Zusammenarbeit mit dem Management überarbeitet werden (vgl. Greulich et al. 2005: 158-160). Aus diesen Zielen können prägnante Kernaussagen zur Vision und Mission der Abteilung abgeleitet und formuliert werden, ein Beispiel zeigt folgende Abb. 4:

Vision	Unser Ziel ist die Sicherung des langfristigen, wirtschaftlichen Erfolgs der geburtshilflichen Abteilung durch zielorientierte, systematische und kontinuierliche Maßnahmen zur Erhöhung der Effizienz und der Qualität.
Mission	Unsere Aufgabe sehen wir in der langfristigen Sicherung der wohnortnahen, qualitativ hochwertigen Versorgung der Bevölkerung mit Leistungen der Geburtshilfe unter Einbezug der einweisenden Ärzte, Hebammen und der Krankenkassen.

Ziele, Strategie und Maßnahmen

Abb. 4: Vision und Mission einer geburtshilflichen Abteilung
(Quelle: Greulich et al.: 2005: 161)

Alle weiteren strategischen Ziele werden aus dem übergeordneten Ziel abgeleitet. Die Orientierung der strategischen Ziele am übergeordneten Ziel wird durch Ursache-Wirkungsketten geprüft. Sind die Ziele plausibel, können weitere dispositive und operative Ziele sowie Maßnahmen mit lang-, mittel- und kurzfristiger Wirkung auf die Effizienz abgeleitet werden, s. Tab. 9:

Tab. 9: Strategische, dispositive und operative Ziele sowie Wirkung der Maßnahmen
(Quelle: Tecklenburg 2010: 41, 42)

Ziele	Zeithorizont	Beispiel für eine Maßnahme	Wirkung der Maßnahme
strategisch	langfristig, 3 bis 5 Jahre	Zusammenlegung der Abteilung	langsam einsetzend
dispositiv	mittelfristig, 1 bis 3 Jahre	Austausch veralteter gegen energieeffiziente Lichttechnik	mittelfristig einsetzend
operativ	kurzfristig, bis zu einem Jahr	Vermeidung von Verschwendung	Wirkung unmittelbar bzw. kurzfristig sichtbar

Bei der Formulierung von Zielen ist darauf zu achten, dass Ziele keine Maßnahmen sind. Hilfreich ist die Anwendung der **„smart"**-Formel. Danach sind Ziele **s**pezifisch, **m**essbar, **a**ktiv beeinflussbar, **r**ealisierbar und **t**erminiert.

Zur Zielfindung und für Zielwerte können gesetzliche Vorgaben, Benchmarkwerte anderer Abteilungen oder externe Zielvorgaben herangezogen werden, z.B. vom Bund für Umwelt und Naturschutz (BUND) zu Verbrauchswerten für Heizenergie und Strom zum Erwerb des Gütesiegels „Energiesparendes Krankenhaus"
(vgl. Bahmann et al. 551, 552; Kirstein, Waldmann 2011: 11).

Eine **Strategie** und deren Abbildung ist erfolgversprechend, wenn sie

> ➢ auf vorhandenen Stärken und Chancen aufbaut
>
> ➢ die Rahmenbedingungen und das Umfeld einbezieht
>
> ➢ zu einer Differenzierung von Konkurrenten führt
>
> ➢ strategische, dispositive und operative Ziele setzt
>
> ➢ nicht ständig wechselt, aber flexibel auf wichtige Veränderungen reagiert
>
> ➢ transparent, verständlich - plausibel ist, akzeptiert und kommuniziert wird

(vgl. Tecklenburg 2010: 42, 47, 48).

3 Ziele und Maßnahmen zur Erhöhung der Effizienz

Maßnahmen sind die Wege zum (visionären) Ziel. Zur Zielerreichung sind alle **bestehenden** (bekannte, unbekannte) und **alternativen** (kombinierte, innovative) **Wegmöglichkeiten** zu prüfen bzw. ein **Soll-Stand** zu erarbeiten.

Ein allgemeingültiger Soll-Stand existiert nicht, denn er richtet sich nach Zielen. Ein Soll-Stand mit dem Ziel der Erhöhung der Effizienz sollte Maßnahmen beinhalten, die

> ➤ überflüssige, z.B. doppelt ablaufende Prozesse, vermeidet oder streicht
>
> ➤ fehlerhafte und fehlende Prozesse vermeidet oder streicht
>
> ➤ parallel ablaufende bzw. die Zusammenlegung von Prozessen ermöglicht
>
> ➤ Kernaufgaben des Berufs fokussiert und berufsferne Aufgaben verlagert
>
> ➤ Schnittstellen reduziert und „reibungslose" Übergänge schafft

Wichtig ist, dass der Soll-Stand eine effektive Anzahl bestehender und alternativer Wege bzw. Maßnahmen umfasst. Die Spiegelung des erarbeiteten Soll- vor dem ermittelten Ist-Stand zeigt den (Handlungs)Bedarf für Maßnahmen (vgl. Wichtl, Schleppers 2006: 110, 111; Hildebrand 2001: 208).

Im Folgenden wird ein Beispiel für einen erarbeiteten Soll-Stand beispielhaft gezeigt. Nach Formulierung der **Ziele** schließt sich die verbale Prüfung der Verknüpfung mit dem übergeordneten Ziel an. Danach werden **Maßnahmen** abgeleitet. Sie sind nach den Ebenen der BSC geordnet. Zugunsten der Präsentation einer **Vielzahl möglicher Maßnahmen** wird von der Systematik der BSC abgewichen, die für jedes Ziel jeweils eine Maßnahme vorsieht.

Einige Maßnahmen wurden in Krankenhäusern/geburtshilflichen Abteilungen bereits umgesetzt, andere entstammen eigenen Überlegungen. Die Maßnahmen sind bei weitem nicht vollständig. Sie werden überwiegend aufgezählt.

3.1 Ziele und Maßnahmen auf der Ebene der Finanzen
1. strategisches Ziel: Die Finanzierung der Investitionsmittel ist sichergestellt.
Analyse der Ursache-Wirkungskette:

Ausreichend zur Verfügung stehende Investitionsmittel,

ermöglichen laufende Investitionen,

führen zu Attraktivitäts-, Image- und Kundengewinn,

senken Prozesskosten und erhöhen die Effizienz.

Maßnahmen: Ermittlung des jährlichen Investitionsbedarfs, regelmäßige prospektive Antragstellung im entsprechenden Finanzierungsumfang an das Land, Fundraising (Erschließung alternativer Finanzierungsquellen), Etablierung dieser Finanzierungsform durch stetige Aktivitäten, z.B. Werbung um Geld- oder Sachspenden (Strickmützen oder -kleidung für Früh- und Neugeborene) von Privatpersonen oder Fördervereinen unter strikter Beachtung der gesetzlichen Regelungen, u.a. der Ärzteberufsordnung, langfristige Bindung der Spender durch regelmäßige Anerkennungen (vgl. Goldschmidt, Gürkan 2010: 278).

2. strategisches Ziel:
Leistungen, Erlöse, Kosten und Ergebnisse sind transparent.
Analyse der Ursache-Wirkungskette:
Transparente Informationen über Leistungen, Kosten, Erlöse und Ergebnisse,
ermöglichen zielführende, zügige Entscheidungen über Maßnahmen,
die zur kurz-, mittel- und langfristigen Erhöhung der Effizienz führen.

dispositive und operative Ziele und Maßnahmen:
Ziel: Effektiv - effiziente Kennzahlen und -systeme wurden auf- und ausgebaut.
Maßnahmen: regelmäßige Arbeitssitzungen mit qualifizierten Mitarbeitern der geburtshilflichen und der Controllingabteilung, z.B. einmal im Quartal, zielführender Austausch von kaufmännischem und medizinischem Wissen, Prüfung der angewendeten **Kennzahlen** auf Effektivität (sind sie **die Richtigen,** d.h. relevant-wichtig, adäquat-zielführend und **immer richtig,** d.h. objektiv, valide und reliabel?), Prüfung auf Effizienz (werden irrelevante, inadäquate, redundante Kennzahlen erhoben bzw. bereits erhobene Kennzahlen genutzt?), vermehrte effiziente Nutzung, Modifikation oder Neudefinition der Kennzahlen,

Prüfung der angewendeten **Kennzahlensysteme** auf Effektivität (stehen nach Erhebung/Aufbereitung im System die als notwendig bewerteten Informationen stetig und in aktueller Form zur Verfügung?), ggf. Modifikation des Systems, Prüfung alternativer Systeme unter Kosten-Nutzen-Aspekten, ggf. Wechsel des Systems, z.B. zu einer Kostenträger- oder Deckungsbeitragrechnung (s. Glossar), **Weiterentwicklung** der existenten Kennzahlen und -systeme, u.a. als Voraussetzung für Kosten-Nutzen-Analysen, d.h. kennzahlengestützten Entscheidungen, z.B. vor Investitionen oder vor Projekten (vgl. Trill 2010: 455).

Ziel: Der Informationsbedarf der Mitarbeiter des Managements zu Leistungen, Kosten, Erlösen und Ergebnissen ist stetig sichergestellt.

Maßnahmen: Anpassung des Umfangs, des Inhalts, der zeitlichen Abstände und der Aktualität der Informationen für die einzelnen Mitarbeiter des Managements, Anpassung der Informationsform, z.B. des DRG-, Kosten- und Ergebnisberichts, Anpassung der Verständlichkeit, z.B. durch Interpretationshilfen,

Prüfung des Kosten-Nutzen-Verhältnisses bei Einführung eines Data-Warehouse-Systems (s. Glossar) für das Krankenhaus, unter positiven Vorzeichen Einführung und Einbindung der geburtshilflichen Abteilung in das System.

3. strategisches Ziel: Die Erlössituation wurde optimiert.

Analyse der Ursache-Wirkungskette:

Die vollständige, korrekte Kodierung und zügige Rechnungsstellung,

führt zur maximalen, zügigen Erlössicherung, d.h. liquider, finanzieller Mittel,

hilft, Zwischenkreditfinanzierung zu vermeiden, führt zur Erhöhung der Effizienz.

dispositive und operative Ziele und Maßnahmen:

Ziel: Ein effektives, effizientes Kodiermodell wurde entwickelt.

Maßnahmen: Prüfung des angewendeten Kodier-Modells auf Effektivität, z.B. zur Motivation der Ärzte für diese Tätigkeit oder auf häufige Defizite (fehlendes textliches Korrelat für kodierte Diagnosen, vielfach geänderte Haupt- oder gestrichene Nebendiagnosen nach Fallprüfungen durch den MDK), Prüfung des angewendeten Kodier-Modells auf Effizienz, z.B. durch Analyse der Kosten und des effektiven Nutzens, Prüfung alternativer Modelle, z.B. das Koder-Modell, bei dem nach Entlassung der Patienten durch speziell ausgebildete Pflege- oder Verwaltungskräfte kodiert wird, weitere Maßnahmen sind:

> zeitnahe, kontinuierliche Dokumentation durch alle Mitarbeiter
> regelmäßige Prüfungen der Dokumentation im Bezug auf medizinische, rechtliche und abrechnungstechnische Anforderungen, z.B. auf Vollständigkeit, Übersicht, Lesbarkeit oder Plausibilität
> gezielte Schulungen zur Optimierung der Dokumentation
> jährliche Fortbildungen aller Mitarbeiter, die Leistungen kodieren

> zusätzliche Fortbildungen bei aktuellen Änderungen der Kodierrichtlinien, bei auffallenden, dauerhaften Defiziten oder für neu eingestellte Mitarbeiter z.B. durch Controller, die auf dem aktuellen Wissensstand sind (vgl. Rapp 2010: 19, 28; Waldmann 2010: 321, 324, 325; Schwentzer 2010: 739).

3.2 Ziele und Maßnahmen auf der Ebene der Kunden

1. strategisches Ziel:

Die Anzahl relevanter Kunden ist ausreichend hoch.

Analyse der Ursache-Wirkungskette:

Die Sicherung einer ausreichend hohen Anzahl relevanter Kunden,

führt zur Sicherung der Erlössituation, s.o.,

generiert Kostendegressionseffekte, führt insgesamt zur Erhöhung der Effizienz.

dispositive und operative Maßnahmen auf der Ebene der Patientinnen:

Erfassung des Patientenklientel

(Alter, Nationalität, Bildungsstand, Wohnort, Anteil von Privatpatienten),

z.B. unter Nutzung der Daten des KIS, Einordnung in eine Matrix,

regelmäßige Befragungen der Patientinnen (etwa im Abstand von ein bis zwei Jahren) zum Informationsbedarf über das Leistungsangebot, zu erwarteten oder zu gewünschten, z.B. komplementären Leistungen oder zu unterstützenden Angeboten nach der Geburt, Nutzung, ggf. Modifikation bereits entworfener Fragebögen, z.B. vom Picker-Institut, weitere Maßnahmen sind:

> Anpassung der Informationen/der Informationsform und der angebotenen Leistungen an den differenzierten Bedarf der Patientinnen
(soweit aus medizinischen, ethischen o.a. Gründen nichts dagegen spricht)
> Neugestaltung des Info-Abends, bei Bedarf mit medialer Unterstützung
> Angebot zusätzlicher Familienzimmer mit der Möglichkeit der Mit-Aufnahme eines Familienangehörigen zu Preisen, welche die Inanspruchnahme begünstigen
> Erweiterung der (existenten) Elternschule mit innovativen Kursangeboten, z.B. in den Bereichen Bewegung/Fitness, Entspannung oder Ernährung/Kochen.

dispositive und operative Maßnahmen auf der Ebene der niedergelassenen Ärzte und Hebammen:

Erfassung der niedergelassenen Ärzte und Hebammen im regionalen Umfeld (Anzahl, Ort, weisen ein/nicht ein), Einordnung in eine Matrix,

regelmäßige Befragungen der Einweisenden (etwa im Abstand von ein bis zwei Jahren) zum Informationsbedarf über das Leistungsangebot, den zeitlichen Abständen, zu bevorzugten Medien oder zu Ein- oder Abweisungsgründen, Nutzung, ggf. Modifikation bereits entworfener Fragebögen,

weitere Maßnahmen sind:

> Anpassung der Informationen an den differenzierten Bedarf, z.b. zeitnahes Faxen des Arztbriefes nach Abschluss einer Behandlung

> regelmäßige, persönliche Gespräche, z.b. im Rahmen von telefonischen Diagnose-Feedbacks nach Einweisungen

> Stabilisierung guter Beziehungen, z.B. durch Einladung zu internen Fortbildungen/Informationsveranstaltungen, etwa zu aktuellen Therapien, nach Übernahme neuer Leitlinien oder Überarbeitung der Standards.

dispositive und operative Maßnahmen auf der Ebene der Krankenkassen:

Bestandsaufnahme der regionalen Krankenkassen

(Art, Anzahl, weisen zu oder ab und aus welchen Gründen wohin/zu wem),

regelmäßige Befragungen in ähnlicher Form wie bei Ärzten und Hebammen,

weitere Maßnahmen sind:

> Anpassung der Informationen an den differenzierten Bedarf, z.B. Darstellung von Leistungsschwerpunkten, einer Qualität, die von regionalen Konkurrenten durch ein höheres Niveau abgrenzt oder der effizienten Leistungserbringung, z.B. mit transparenten Ergebnisberichten

(vgl. Greiling 2010: 62; Sisignano 2001: 47).

übergreifende Maßnahmen:

> Nutzung **vielfältiger Wege** zur Kommunikation mit relevanten Kunden und zur Vermittlung von Informationen, z.B. auch über das Fernsehen, das Radio, über die Presse oder auf Messen

> Nutzung **vielfältiger Anlässe**, z.B. die Eröffnung umgebauter Räumlichkeiten, die Einführung innovativer Leistungsangebote oder

Medizintechnik, Vorträge zu aktuellen Themen, z.B. zu Ursachen und Verhalten bei auftretenden Infektionskrankheiten

> einmal im Jahr die Ausrichtung eines Events, z.B. ein Tag der offenen Tür, ein Sommer- oder ein Sportfest.

2. strategisches Ziel:

Die Qualität und deren transparente Darstellung wurden verbessert.

Analyse der Ursache-Wirkungskette:

Eine hohe Qualität und deren transparente Darstellung

führt zur Sicherung einer ausreichend hohen Anzahl relevanter Kunden, s.o.

dispositive und operative Maßnahmen:

Aufbau einer Qualitätskultur mit **Zielsetzungen**, z.B. zu subjektiven (Zufriedenheit) und objektiven QI (kritisches Outcome bei reifen Neugeborenen), kontinuierliche Prüfung der Entwicklung der eigenen Qualität im Zeitverlauf und das Benchmarking der Ergebnisse z.B. einmal im Jahr, interdisziplinäre Präsentation und Diskussion der Ergebnisse, gezielte Verbesserungen/Sicherung der Qualität, z.B. durch Setzen neuer Ziele, etwa der Erst- bzw. Re-Zertifizierung, Prüfung und ggf. Optimierung **der Darstellung der erreichten Qualität** im Qualitätsbericht mit Mitarbeitern aus dem QM bzw. aus der Abteilung für Marketing, regelmäßige, z.B. jährliche Aktualisierung aller Informationen für die relevanten Kunden auf der Internet-Homepage (vgl. Hahne 2011: 35, 36).

3.3 Ziele und Maßnahmen auf der Ebene der Arbeitsablaufprozesse

1. strategisches Ziel:

Alle Mitarbeiter denken und handeln prozessorientiert.

Analyse der Ursache-Wirkungskette:

Prozessorientierung im Denken führt zu Prozessorientierung im Handeln,

zu prozessorientiert organisierten Arbeitsabläufen, die hohe Qualität sichern, s.o.,

verbessert die Arbeitsbedingungen, Gesundheit und Motivation der Mitarbeiter,

erhöht deren Produktivität, senkt die Krankheits- und Fluktuationsquote,

führt insgesamt zur Senkung der Prozesskosten und zur Erhöhung der Effizienz.

dispositive und operative Maßnahmen: Fortbildungen zum Aufbau eines Prozessverständnisses, z.B. durch Vermittlung von Wissen und Fähigkeiten zur Prozessanalyse, Durchführung einer Prozessanalyse mit Mitarbeitern aus dem QM für ausgewählte Leistungen, prozessorientierte Optimierung der Arbeitsabläufe, in Zusammenarbeit mit Mitarbeitern aus der Pflegedienstleitung Prüfung des quantitativen Personalbestands der Abteilung, differenziert nach Berufsgruppen, zeitnahe Anpassungen an den gegenwärtigen Personalbedarf,

qualifikationsorientierter Einsatz der Mitarbeiter (s. Anlage 4), **bedarfsorientierter Einsatz der Mitarbeiter**, d.h. Einsatz im angestammten Bereich, bei Bedarf, z.B. bei Arbeitsspitzen oder in Notfällen, der Qualifikation und den rechtlichen Voraussetzungen entsprechend auch im anderen Bereich, z.B. Erstversorgung eines Neugeborenen durch die Gesundheits- und (Kinder)Krankenpflegerin im Kreißsaal oder Stillhilfe durch die Hebamme bei einer Wöchnerin auf der Station,

Erarbeitung von Lösungen, die eine Einhaltung der Pausen überwiegend gewährleistet (eine Pause wie im Sinne des ArbZG),

Organisation störungsarmer Dienstübergaben, z.B. durch Respektierung der Dienstübergabe durch andere Mitarbeiter,

Prüfung der VD bei den häufigsten erbrachten DRG´s, Benchmarking der VD mit bundesdurchschnittlichen Werten, Anpassungen an eine als optimal bewertete VD durch entsprechend gesteuertes Entlassungsmanagement.

kernprozessübergreifende Maßnahmen:
Senkung der (bekannten) NI - Rate z.B. durch

➢ vermehrte Zusammenarbeit mit den Hygienefachkräften des Krankenhauses, die durch ihre Einordnung in die Krankenhaushierarchie handlungsfähig sind, z.B. durch Vetorecht für bestimmte Entscheidungen

➢ regelmäßige Händedesinfektion mit effektiver Einreibe-Technik

➢ Interventionen nur bei klarer Indikation, z.B. Harnblasenkatheterismus

➢ systematische Ursachenanalysen bei gehäuft auftretenden NI

➢ Sicherstellung der Erreichbarkeit bzw. die persönliche Präsenz der Hygienefachkräfte bei aktuellen Anlässen

➢ präventive Schulungen zu hygienischen Arbeits- und Verhaltensweisen,

Erarbeitung eines Leitfadens zur Kommunikation, auch für Krisen- und Konfliktsituationen, Beispiele für Inhalte eines Leitfadens zeigt Tab. 10:

Tab. 10: Inhalte eines Leitfadens zur Kommunikation, auch für Krisen- und Konfliktsituationen (Quelle: eigene Darstellung)

1.	**Reglungen zur externen Kommunikation,** z.B. zum Inhalt der Kommunikation auf dem Info-Abend, so dass mehrere Mitarbeiter diesen auf ähnliche Weise gestalten können und damit geweckte Erwartungen von Patientinnen und Angehörigen den Mitarbeitern bekannt, weil nachzulesen sind
2.	**Regelungen und Beispiele zum inhaltlich-überwiegend einheitlichen Kommunikationsverhalten,** z.B. zu Zielen, Gründen und Maßnahmen innerhalb des Behandlungsprocedere, mit Alternativen für angsteinflößende Vokabeln, damit widersprüchliche Aussagen und unnötige Ängste vermieden werden
3.	**Regelungen zur Kommunikation in Krisensituationen,** z.B. nach Vorwürfen für vermutete oder eingetretene Behandlungsfehler durch die Patientin und/oder deren Angehörige, um die Geburt zu besprechen, die Durchsetzung von Schadenersatzansprüchen zu vermeiden oder den Versicherungsschutz nicht zu gefährden, etwa nach einer schweren Schulterdystokie (s. Glossar), **Kommunikationsbeispiele** für die Betreuung von Frauen mit Totgeburt oder Abort (Fehlgeburt) mit sensiblen Vokabel-Alternativen für Fachwörter
4.	**Regelungen zur Kommunikation in Konfliktsituationen,** z.B. zwischen Patientinnen und Mitarbeitern bzw. mit deren Angehörigen zur Konfliktprävention und zur Abmilderung von Folgen, **Beispiele für die Kommunikation** mit Patientinnen und deren Angehörigen **bei ethischen Dilemmata,** z.B. wenn die Frau einen späten Schwangerschaftsabbruch wünscht, bei der diagnostizierten Fehlbildung jedoch keine Indikation dafür besteht oder zur Beratung der Frau/des Paares bei Frühgeburt an der Grenze zur Lebensfähigkeit
5.	**Regelungen zur Kommunikation in Veränderungsprozessen** zum Abbau von Ängsten und Unsicherheiten bei Mitarbeitern

2. strategisches Ziel: Die Support- und Managementprozesse sind optimal auf die Kernprozesse abgestimmt.

Analyse der Ursache-Wirkungskette:

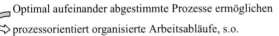
Optimal aufeinander abgestimmte Prozesse ermöglichen prozessorientiert organisierte Arbeitsabläufe, s.o.

dispositive und operative Maßnahmen: regelmäßige Feinabstimmungen mit dem Beschaffungsmanagement (GBM, s. Glossar) des Krankenhauses über spezifische Bedarfe, z.B. für ein Messgerät, das pH-Werte aus geringsten Blutmengen schnell und genau bestimmt sowie zuverlässig funktioniert, Poollösungen für bestimmte Bedarfe, z.B. gemeinsam genutzte Betten- und Wäschelager oder für Reinigungsdienste im Krankenhaus vor 8 und nach 16 Uhr, weitere Maßnahmen sind: in Zusammenarbeit mit Mitarbeitern aus dem QM:

➢ Etablierung einer Fehlerkultur, z.B. Einrichtung eines CIRS (s. Glossar)

➢ regelmäßiges Lernen aus publizierten Fehlerberichten in der Fachliteratur und ausgewählten Akten, z.B. als Teil der monatlichen Dienstbesprechung

➢ systematische Aufarbeitung von Geburten mit katastrophalem Ausgang.

3.4 Ziele und Maßnahmen auf der Ebene der Ressourcen

3.4.1 Ziele und Maßnahmen auf der Ebene der Mitarbeiter

strategisches Ziel: Die Arbeitsbedingungen sind attraktiv.

Analyse der Ursache-Wirkungskette:

Verbesserte Arbeitsbedingungen,

führen zur Erhöhung der Attraktivität der Arbeitsbedingungen,

fördern die Gesundheit und Motivation der Mitarbeiter,

gesunde, motivierte Mitarbeiter können eingesetzt,

aus-, fort- und weitergebildet werden, erbringen Leistungen in hoher Qualität, s.o.,

verbesserte Arbeitsbedingungen führen zur Bindung von Mitarbeitern und langfristig zu eingespielten Teams,

die effiziente Leistungen erbringen können.

dispositive und operative Maßnahmen:

Begehung der Abteilung mit Mitarbeitern der Arbeitsmedizin und Fachkräften für Arbeitssicherheit, Erarbeitung von Maßnahmen zur Verbesserung der Arbeitsbedingungen, zur Gesundheitsförderung und Krankheitsprävention, z.B.

> ➢ Schreiben des Dienstplanes nach arbeitswissenschaftlichen Erkenntnissen
>
> ➢ ergonomisch gestaltete Arbeitsplätze, verfügbare, akzeptierte Hilfsmittel
>
> ➢ offener Umgang mit negativ erlebter Belastung, Beanspruchung oder Überforderung, Erarbeitung von Lösungen zu deren Reduktion
>
> ➢ Hinweise auf und regelmäßige Inanspruchnahme von Schutzimpfungen sowie arbeitsmedizinischen Vorsorgeuntersuchungen
>
> ➢ individuelle Beratung in beruflichen Krisensituationen
>
> ➢ Dienstbesprechung einmal anders, indem die Mitarbeiter selbst, z.B. unter Anleitung einer Hebamme, Yoga- und Entspannungsübungen durchführen,

Inanspruchnahme von Angeboten zur Gesundheitsförderung, z.B. Kurse zur Raucherentwöhnung oder von Fortbildungen zu Sucht- und Burnout-Prävention, Nutzung des extern zur Verfügung stehenden Wissens und der Umsetzungshilfen zum Gesundheits- und Arbeitsschutz, z.B. von der Berufsgenossenschaft für Gesundheit und Wohlfahrtspflege oder dem Deutschen Netzwerk für Betriebliche Gesundheitsförderung (vgl. Pieck 2010: 105), leitende Ärzte und Pflegekräfte führen über Zielvereinbarungen, angelehnt an die Managementtechnik „Management by Objektives", d.h. Berücksichtigung und Erarbeitung konkreter Ziele für die einzelnen Mitarbeiter, z.B. Ausbildungsziele, in ausgewogenem Verhältnis mit den Zielen der Abteilung, Ausbildung und Einsatz im präferierten Bereich, regelmäßige, z.B. jährliche Zielkontrolle, ggf. Anpassungen, z.B. Wechsel des Mentors (vgl. Lüthy, Schmiemann 2004: 77, 78),

Prüfung des Bedarfs an Aus- Fort- und Weiterbildung der Mitarbeiter anhand der Abteilungsziele, z.B. an **fachspezifischer Qualifikation**, wie Akupunkturausbildung oder an **fachübergreifender Qualifikation**, etwa zum Bachelor of Science in Midwifery oder Pflege bzw. zu DRG-/QM-Beauftragten, Erarbeitung eines Fort- und Ausbildungsplans für das laufende und zukünftige Jahre sowie dessen kontinuierliche Umsetzung (vgl. Stewig-Nitschke: 365),

Bindung von Mitarbeitern u.a. durch

> ➢ die Möglichkeit der flexiblen Arbeitszeitgestaltung für chronisch kranke, ältere oder für Mitarbeiter mit Kindern
> ➢ finanzielle und/oder zeitliche Unterstützung bei Bildungsmaßnahmen

Gewinnung neuer Mitarbeiter u.a. durch

> ➢ zufriedene Mitarbeiter, die motiviert für ihren Arbeitgeber werben
> ➢ Auf- und/oder Ausbau der Kontakte zu Berufs- und Fachhochschulen sowie zu Universitäten (vgl. Bräutigam, Scharfenorth 2011: 302).

3.4.2 Ziele und Maßnahmen auf der Ebene der Ausstattung/Infrastruktur

1. strategisches Ziel: Die Ausstattung entspricht den Nutzeranforderungen.

Analyse der Ursache-Wirkungskette:

Eine zweckmäßige Ausstattung führt zur Verbesserung der Qualität,

erhöht die Zufriedenheit der Patientin,

sichert insgesamt ausreichend relevante Kunden, s.o.,

eine zweckmäßige Ausstattung führt zu zweckorientierter Nutzung,

diese reduziert den Mehrfacheinsatz,

zusammen mit verschwendungsarmem, schonenden Umgang mit der Ausstattung

führt dies zur Senkung der Kosten und insgesamt zur Erhöhung der Effizienz.

dispositive und operative Maßnahmen:

Überprüfung der Art, des Umfang und der Zweckmäßigkeit von Geräten, Instrumenten und Material, Anpassungen an den Bedarf, z.b. die Rückgabe nicht gebrauchter, als ineffektiv und/oder ineffizient bewerteter, zu viel vorhandener Ausstattungsgegenstände, zeitnaher Ersatz der benötigten Teile bzw. Herstellung der Zweckmäßigkeit, z.b. Bestellung von saugfähigen Tupfern in der richtigen Größe oder Episiotomie-Dammschnitt-Scheren schleifen lassen, Optimierung der Beschaffungslogistik, zeitnaher Erwerb der Anwenderqualifikation nach Beschaffung neuer Geräte durch ausreichend viele Mitarbeiter, Vermeidung von Verschwendung, z.b. von Einmalmaterial, schonender Umgang mit Ausstattungsgegenständen, z.b. kein Fahren über Kabel (vgl. Trill 2010: 456).

2. strategisches Ziel: Die Infrastruktur unterstützt das Ziel des Konzepts.

Analyse der Ursache-Wirkungskette:

 Attraktive Gebäude mit solider Bausubstanz in gepflegter Umgebung, sichern eine ausreichend hohe Zahl relevanter Kunden, s.o.,

energieeffiziente Gebäude, die moderne Ausstattung mit Raumtechnik/Geräten, die prozessorientierte Anlage der Räumlichkeiten, senken die Prozesskosten und führen insgesamt zur Erhöhung der Effizienz.

dispositive und operative Ziele und Maßnahmen: Ist-Stand-Ermittlung zu den infrastrukturellen Bedingungen, z.B. zur Umgebung des Krankenhauses und in der Abteilung z.B. zur Optik, der Atmosphäre, der Art, Anzahl, Größe (Fläche) und Anlage von Räumen sowie zu deren Ausstattung und Nutzung (Auslastung), prozessorientierter Umbau und Renovierung der Abteilung, Rückbau doppelter bzw. wenig genutzter Räume/Flächen zugunsten fehlender Räume/Flächen, Umbaumaßnahmen, z.B. räumlich enge Zusammenlage der wesentlich beteiligten Bereiche, Renovierung unter Berücksichtigung der differenzierten Nutzeranforderungen, z.B. der Patientinnen, Erneuerung der Ausstattung mit Technik und Geräten, die eine **hohe Energieeffizienz** aufweisen, z.B. mit Heizstrahlern oder Energiesparlampen und mit weiteren Teilen, wie zugdichten Fenstern, Spar-Stopp-Tasten in der Toilettenspülung oder Sparperlatoren in Waschbecken, Sensibilisierung für den schonenden Einsatz mit allen Ressourcen, wie Energie und Wasser, z.B. durch Beheizung und Beleuchtung entsprechend der Raumnutzung, Ausschalten nicht genutzter Geräte u.ä. (vgl. Lange 2011: 107).

4 Zielorientierte Auswahl und Umsetzung von Maßnahmen

4.1 Zielorientierte Auswahl von Maßnahmen in das Konzept

Ein w.o. beschriebener oder ähnlicher Soll-Stand ist in der Praxis kaum erreichbar, u.a. aufgrund mangelnder, z.B. finanzieller Ressourcen. Überwiegend wird es daher um Kompromisse bei der Auswahl von Maßnahmen in das Konzept gehen müssen. Den (Handlungs)Bedarf für Maßnahmen zur Erhöhung der Effizienz zeigt die Differenz zwischen dem erarbeiteten Soll- und dem ermittelten Ist-Stand. Besteht kein oder geringfügiger Handlungsbedarf, stehen nur noch Maßnahmen mit mittlerem und hohem Bedarf im Fokus. Zur Feinfilterung ist die Einordnung in eine Prioritäten-Matrix mit Vergabe von Zahlen für Bewertungskriterien hilfreich. Ein Beispiel für eine solche Matrix zeigt Abb. 5:

Bewertungs-kriterien	(A) Auswirkung auf die Erhöhung der Effizienz	(B) finanzieller Umsetzungsaufwand	(C) zeitlicher Umsetzungsaufwand
Ebene der Finanzen			
Maßnahme 1	2	2	3
Maßnahme 2	3	3	3
...			
Ebene der Kunden			
Maßnahme 1			
...			
Legende: (A) Auswirkung auf die Erhöhung der Effizienz: 1= hoch, 2= mittel, 3=gering (B) finanzieller Umsetzungsaufwand: 1= gering, 2= mittel, 3 = hoch (C) zeitlicher Umsetzungsaufwand: 1= gering, 2= mittel, 3= hoch			

Abb. 5: Prioritäten-Matrix zur Feinfilterung von Maßnahmen
(Quelle: Hahne 2011: 359)

Zur Ermittlung der Priorität kann eine weitere Tabelle genutzt werden, s. Tab. 11:

Tab. 11: Punkteverteilung und Rangordnung zur Umsetzung von Maßnahmen
(Quelle: Hahne: 359)

Maßnahme	Punkte (A+B+C)	Rang
Maßnahme 1	7	1
Maßnahme 2	9	2
...		

Die Maßnahme mit der niedrigsten Punktzahl erhält den ersten Rang in der Priorität, den zweiten die mit der nächsthöheren Punktzahl usw. Aus den prioritären sollten vielfältige **Maßnahmen** mit geringem, jedoch **nicht mehr als zwanzig** mit **mittlerem und hohem Umsetzungsaufwand (B und C)** ausgewählt werden, um deren Realisierung/die Umsetzung zu gewährleisten. Wichtig ist, dass das Konzept kurz-, mittel- und langfristig wirkende Maßnahmen beinhaltet, die sich in ausgewogener Form auf die vier Ebenen der BSC verteilen lassen.

Das Maßnahmenpaket bzw. die Strategie darf während und nach der Umsetzung einzelner Maßnahmen nicht die Effizienz anderer Abteilungen belasten.

4.2 Erfolgsfaktoren der Umsetzung von Maßnahmen in die Praxis

4.2.1 Allgemeine Erfolgsfaktoren

Die richtige Reihenfolge der Umsetzung von Maßnahmen **ist ein Erfolgsfaktor**. Sie richtet sich nach finanziellen und zeitlichen Ressourcen sowie danach, ob **Prozessneugestaltungen** oder **-verbesserungen** (s. Glossar) notwendig sind.

Ressourcen sind meist knapp und Erfahrungen auf die üblichen Maßnahmen beschränkt. Deshalb erscheint der Beginn mit Maßnahmen, die ohne oder mit wenig Ressourcen und einfach umsetzbar sind, sinnvoll, z.B. „nicht benötigte Beleuchtung auszuschalten". Das Einsparpotential ist hoch, denn 22% des Stroms in Krankenhäusern werden durch Beleuchtung verbraucht. Es bedarf lediglich etwas Zeit, ein Bewusstsein zur Vermeidung von Verschwendung zu schaffen. Die Auswirkungen sind sofort am Stromzähler und mittelfristig an der Kostenrechnung abzulesen. So wächst in Verbindung mit weiteren, derart einfachen Maßnahmen, das Budget, steigen Erfahrung und Motivation.

Sie sind Voraussetzung für Maßnahmen, die ein höheres finanzielles und zeitliches Budget und eine aufwändigere Umsetzung erfordern, z.B. die Investition in und Umrüstung auf ein energieeffizientes Beleuchtungssystem, etwa die LED-Technologie. Damit ist es möglich, die Stromkosten in einem 500-Betten-Krankenhaus von durchschnittlich 60 000 auf unter 15 000 Euro/Jahr zu senken. Diese Auswirkungen zeigen sich erst längerfristig. Kurzfristig steigen die Kosten durch Investition und Umrüstungsaufwand. Nach Amortisation der Kosten (in diesem Fall nach 1-4 Jahren möglich) sinken die Kosten langfristig, so dass finanzielle Mittel für weitere Investition frei werden (vgl. Hohensee 2011: 76-78).

Prozesse, d.h. Arbeitsabläufe, sollten zuerst optimiert werden,
erst danach die infrastrukturellen Bedingungen, z.B. durch Umbaumaßnahmen. Wiederholtes, unnötiges oder nicht auf die Zukunft ausgerichtetes, kostenintensives Umbauen, ist so vermeidbar (vgl. Clauser 2010: 351).
Die ausgewählten, in eine Reihenfolge gebrachten Maßnahmen, werden jetzt zum späteren Controlling/Evaluation mit **einfach und klar formulierten Kennzahlen**

sowie **Zielwerten** hinterlegt, z.B. Senkung des Stromverbrauchs um ... % bzw. der Stromkosten um ... Euro innerhalb eines Jahres (vgl. Kirstein 2010: 297).

Im Vorfeld von Umsetzungen sollten **alle Mitarbeiter** u.a. über Ziele von Maßnahmen **informiert** werden, z.B. über das Intranet. Die **Einbindung** der Mitarbeiter in den Prozess der Umsetzung sichert deren Motivation und Akzeptanz. Einfache Maßnahmen sind sofort umsetzbar. Mit steigendem Umfang, innovativem Potential oder Komplexität werden Arbeitsgruppen oder **Projektarbeit** notwendig. Letztere folgt, genau wie ein Konzept, einer Systematik in der Bearbeitung von Aufgaben. Diese **Systematik** kann wesentlich zur erfolgreichen Umsetzung von Maßnahmen beitragen. Durch Projektarbeit können Maßnahmen auch erarbeitet werden, sie wird daher nachfolgend näher betrachtet.

4.2.2 Projektarbeit als spezifischer Erfolgsfaktor

Projekte sind Vorhaben, die aufgrund einer Problematik durchgeführt werden, ein einmaliges - innovatives Ziel verfolgen, in interdisziplinärer Zusammenarbeit innerhalb bzw. außerhalb der Routinearbeiten des Tages ablaufen und einen finanziell sowie zeitlich begrenzten Rahmen aufweisen (vgl. Litge 2009: 8, 9).

Das **Projektmanagement** umfasst Aufgaben der Planung, Organisation, Steuerung und Evaluation der Projektaktivitäten. Damit soll das Projektziel kosten-, zeitgerecht und in hoher Qualität erreicht werden.

Der **Projektleiter „managet"** diese Aufgaben, die er mit einer dem Ziel des Projekts entsprechend ausgewählten **Projektgruppe** durchführt.

Projekte erfordern einen **Projektauftrag,** z.B. vom Management an den Leiter.

Projekttypen können

> ➢ Analyseprojekte, z.B. zur Ermittlung des Ist-Standes
> ➢ Projekte zur Entwicklung eines Konzepts oder
> ➢ Projekte zur Umsetzung einer Maßnahme sein (vgl. Hahne 2011: 202).

Zur Reduktion von Komplexität werden **Großprojekte** in Teilprojekte gegliedert. Hier bearbeiten Teilprojektgruppen Teilaufgaben in einzelnen Arbeitspaketen.

Projekte laufen in **Phasen** bzw. in einer Kette von **Prozessen** ab, z.B. der Initiierung, dem Start, der Zielformulierung, der Planung, der Projektarbeit nach Typ, der Präsentation von Meilensteinen bzw. Zwischen- und Endergebnissen, der Umsetzung der Ergebnisse der Projektarbeit, dem Abschluss und der Evaluation.

Der Ablauf und weitere Regelungen zur **Projektorganisation** werden im **Projektablauf- bzw. strukturplan** festgeschrieben, z.B. vom Lenkungsausschuss und den Projektleitern zur Einbindung der Mitarbeiter in das Projekt. Zum Erstellen des Projektstrukturplans, zur Planung von Kosten und Zeit usw. stehen zahlreiche Software-Produkte auf dem Markt zur Verfügung, z.B. das Programm Microsoft-Projekt. In größeren Projekten werden relevante Informationen üblicherweise in einem **Projekthandbuch** zusammengefasst. Projekte können scheitern, u.a. wenn der Umfang der Aufgabenstellung oder die Belastung der Mitarbeiter durch das Tagesgeschäft und die Projektarbeit zu hoch sind, Konflikte im Team oder unerwartete Probleme, z.B. Krankheit des Projektleiters, die Projektarbeit behindern (vgl. Bahmann et al. 2010: 548).

5 Controlling und Evaluation umgesetzter Maßnahmen

Die Wirkung umgesetzter Maßnahmen zur Zielerreichung sollte wieder möglichst kennzahlengestützt überprüft werden. Durch **Controlling** werden Prozesse zeitraumbezogen, z.B. an Prozessverbesserungen entlang oder zeitpunktbezogen, z.B. nach Prozessneugestaltung, überprüft. Der Zweck sind kontinuierliche (Gegen)Maßnahmen bei Abweichungen. Durch **Evaluation** wird die Zielerreichung nachträglich geprüft. (Gegen)Maßnahmen bei Abweichungen sind hier kein Automatismus (vgl. Zapp 2010: 182, 183; Hildebrand 2001: 478).

Tab. 12 zeigt die Evaluation mit der BSC. Auf diese Weise können die (Aus)Wirkungen des Projekts und letztlich des Gesamtkonzepts überprüft werden:

Tab. 12: Evaluation mit der BSC (Quelle: in Anlehnung an Reinecke 2009: 99-102)

Ziel	Kennzahl	Zielwert	Ziel erreicht
Ebene der Finanzen			**ja/nein**
Erhöhung der Effizienz, Erzielung eines Gewinns oder Senkung der Verluste	Geldwert in Euro		
Senkung der Prozesskosten für die drei häufigsten, erbrachten DRG's	Kostendaten der Kalkulations-krankenhäuser	um 5% unter diesen Kosten	
Ebene der Kunden			**ja/nein**
Erhöhung der Kontakte mit Einweisern	Anzahl der Veranstaltungen/Jahr	drei für kleinere Abteilungen	
Senkung der Azidosen (ph-Werte < 7,15 bei reifen Einlingen)	Prozentwert	unterhalb des Bundesdurchschnitts	
Ebene der Prozesse			**ja/nein**
Senkung der Rate nosokomialer Infektionen	Prozentwert je Infektionsart	unterhalb regionaler Konkurrenten	
Ebene der Ressourcen			**ja/nein**
Senkung des Krankenstandes der Mitarbeiter	Krankenstand in Prozent	< 12%	
Senkung der Fluktuation	Quote/Jahr in Prozent	< 6%	

Teil D: Zur Umsetzung einer Maßnahme in die Praxis

Den Möglichkeiten für Prozessverbesserungen und Prozessneugestaltung sind innerhalb der bestehenden Infrastruktur Grenzen gesetzt. Ein Umbau zur Prozessoptimierung sollte, wie o.g., als letzter Schritt durchgeführt werden. Die Umsetzung einer Maßnahme in die Praxis wird deshalb an diesem letzten Schritt und auch als abschließender Teil der Konzeptentwicklung gezeigt.

1 Umbau, Renovierung und Erneuerung von Teilen der Ausstattung

1.1 Die Heterogenität der Ausgangslage

Krankenhäuser mit ihren Gebäuden wurden und werden in sehr unterschiedlicher Bauweise errichtet, wobei die Entstehungszeit ausschlaggebend ist. So entstand die Pavillonbauweise in England Ende des 17. Jahrhunderts ursprünglich mit dem Ziel der Infektionsprophylaxe. Die Bauweise ist optisch attraktiv, z.B. durch großflächige, parkähnliche Grünflächen und Einzelgebäude in individueller, z.T. denkmalgeschützter, Architektur. Die zahlreichen Einzelgebäude verursachen jedoch Ineffizienzen. Sie verlängern u.a. die Wege zwischen Bereichen und behindern die gemeinsame Nutzung von Ressourcen. Auch deshalb wurde das Universitätskrankenhaus Hamburg - Eppendorf, als Beispiel dieser Bauweise, mitten auf dem ursprünglichen Gelände ein zweites Mal erbaut. Das neue Krankenhaus ist ein Gebäudekomplex und seit Ende 2008 in Betrieb.

Heute sind überwiegend noch die Block-, Horizontal- und Vertikalbauweise von Bedeutung, wobei Mischformen dominieren. Vielfach wurden neue an ältere Gebäude angebaut (vgl. Ludes 2010: 401-404, Debatin 2010: 25, 144).

Kreißsaal, Wochenbettstation und/oder der OP sind, wie o.g., nicht immer integrierte oder räumlich eng angrenzende Bereiche. Einzelbereiche liegen z.T. auf einer Etage, sind aber räumlich getrennt, z.B. durch lange Flure oder andere dazwischenliegende Bereiche. Nicht selten sind sie über mehrere Etagen des Krankenhauses verteilt. Ebenso heterogen ist die Anbindung an Support- und Managementbereiche. Im Kreißsaal befinden sich 2 bis zu 7 Entbindungsräume, Aufnahme-, Untersuchungs-, Arbeits- und Diensträume. Die Wochenbettstation verfügt z.B. in einer Abteilung mit 1200 Geburten über 10 Patientenzimmer mit 1 bis 3, z.T. auch mit 4 Betten. Einige Zimmer haben innenliegende, andere Bäder auf dem Flur. Meist sind ein zentrales Kinderzimmer, ein Speiseraum, Warte- bzw. Besucherbereiche, Untersuchungs-, Arbeits- und Diensträume vorhanden.

1.2 Ziele und Planung des Projekts

Wurde Handlungsbedarf für Umbau, Renovierung und zur Erneuerung von Teilen der Ausstattung festgestellt, z.B. durch

> ➤ eine marode Bausubstanz (feuchte Wände, abbröckelnder Putz)
> ➤ eine veraltete, technische Ausstattung (Heiz- und/oder Lichttechnik)
> ➤ eine suboptimale räumliche Anbindung wesentlich beteiligter Bereiche
> ➤ verschmutzte Wände in Fluren und Räumen

ist in Anbetracht des Aufgabenumfangs, der Komplexität und der Notwendigkeit einer individuellen, innovativen Lösung i.d.R. Projektarbeit erforderlich.

Einen Projektablauf als Prozess mit Teil-Projekt-Prozessen zeigt Abb. 6:

Abb. 6: Projektablauf als Prozess
(Quelle: Bahmann et al. 2010: 553)

Diese Teilprozesse werden nachfolgend beispielhaft beschrieben.

Initiierung: Meist wird zunächst ein grober Projektstrukturplan entworfen, der Ziele, Aufgabeninhalte und -umfang beinhaltet. Er vermittelt einen Überblick über die notwendigen Kompetenzen, geschätzte Kosten, Zeit und Risiken.

Ist der geschätzte (finanzielle) Nutzen höher, als die zu erwartenden Kosten, wird das Management den Projektstart freigeben (vgl. Bienert 2004: 336).

Start: Zu Beginn werden Ziele für das Projekt formuliert. Sie sind an den Zielen des Konzepts orientiert. Ziele von Umbaumaßnahmen können z.B. sein:

> ➤ Reduktion der Prozesskosten und die Erhöhung der Effizienz
> ➤ Verbesserung der Qualität der Leistungen und der Arbeitsbedingungen.

Planung: Eine durchdachte Planung beugt Fehlern vor, die später nur schwer, kostenintensiv oder gar nicht mehr zu korrigieren sind. Sie sichert kurz- und mittelfristig, aber auch den langfristigen Erfolg durch nutzerorientierte und entwicklungsfähige Lösungen mit Raum für zukünftige Anpassungen, z.B. für Erweiterungen (vgl. Bahmann et al. 2010: 551; Wischer, Rietmüller 2007: 271).

Die Planung des Projekts basiert im Idealfall auf der Differenz zwischen einem ermittelten Ist-Stand und Vorstellungen über einen optimalen (Zu)Stand der **Infrastruktur und Ausstattung**, d.h. über einen effizienten Soll-Stand. Suboptimale (Zu)Stände spüren die Mitarbeiter in den täglichen Arbeitsabläufen ganz genau. Möglichkeiten der Optimierung sind regelmäßig Gesprächsthema. Daher ist es naheliegend, dieses Wissens- und Erfahrungspotential zu nutzen und ein Teilprojekt an die Mitarbeiter der Abteilung zu vergeben.

Ein **Auftrag** kann z.B. folgende Aufgaben beinhalten:

➢ Ist-Standermittlung der Infrastruktur und Ausstattung mit Bewertung

➢ Erarbeitung von Vorstellungen über einem Soll-Stand

➢ Empfehlungen für Umbaumaßnahmen und für die Renovierung

  sowie zur Erneuerung von Teilen der Ausstattung.

Inwiefern dazu externe Unterstützung notwendig ist, hängt u.a. davon ab, ob

➢ Erfahrungen mit Projektarbeit vorliegen

➢ methodische Kompetenzen und Hilfsmittel, z.B. Software vorhanden sind

➢ die Ergebnisse Akzeptanz auch beim Management finden (werden)

➢ genügend Zeit zur Verfügung steht (vgl. Bahmann et al. 2010: 545).

Unterstützung kann von innerhalb des Krankenhauses, z.B. durch Mitarbeiter der Abteilung für Organisationsentwicklung und Projektmanagement (AOP), aus dem Facility - Management (s. Glossar) oder von außerhalb eingeholt werden. So ist etwa ab Beginn oder ab einem bestimmten Zeitpunkt im Projekt die Zusammenarbeit mit der beauftragten Architektin möglich. Der Einbezug externer Unterstützung verursacht immer auch Kosten, die im Einzelfall dem Nutzen (professionelle Lösungen, alternative Varianten) gegenüber zu stellen sind.

Ein gelungenes **Kick-off-Meeting** legt den Grundstein für ein erfolgreiches Projekt. Hier können den Mitarbeitern der Handlungsbedarf, die Ziele, erhoffte (Aus)Wirkungen sowie die Planung bis zu diesem Zeitpunkt vorgestellt und auftretende Fragen diskutiert werden. Ziel des Teilprojekts kann z.B. **die Erarbeitung einer anforderungsgerechten, nutzerorientierten und weitgehend akzeptierten (balanced) Lösung** sein. Die Teilergebnisse werden als grundlegende Basis in die Architektur- und Baupläne einfließen (vgl. Bohinc 2008: 17; Wischer, Rietmüller 2007: 207).

Sofern Mitarbeiter bereits hier Bereitschaft zur Mitwirkung äußern, bietet sich die Formierung der Projektgruppe innerhalb der Veranstaltung an. Der Projektleiter sollte Fach-, Sozial- und Methodenkompetenzen besitzen, insbesondere auch argumentative Überzeugungskraft, z.B. gegenüber Autoritäten wie dem Chefarzt. Für Mitglieder der Projektgruppe sind Interesse am Thema, die Fähigkeit, tradierte Prozesse und Strukturen kritisch zu hinterfragen, Kreativität, Teamgeist und Motivation Voraussetzung zur Mitarbeit (vgl. Schelle 2010: 67-69).

Die Größe der Projektgruppe richtet sich nach dem Umfang der Aufgabe. Für dieses Projekt kann sie z.B. aus bis zu acht Mitarbeitern bestehen.

Mit der Festlegung des Kosten- und Zeitbudgets, der Termine zur Präsentation von Meilensteinen, der Entscheidungsbefugnisse des Projektleiters und der organisatorischen Einbindung der Projektgruppe, z.B. in der Matrix-Form, ist die Projektplanung abgeschlossen (vgl. Litge 2009: 65).

2 Durchführung des Projekts

Die Projektarbeit kann z.B. mit der Ausarbeitung des (Teil)Projektstrukturplans beginnen. Hier werden Zuständigkeiten für Aufgaben und Arbeitspakete festgelegt sowie die Bearbeitung entsprechend der Zeitplanung. Regelungen zur Dokumentation und zur Sicherung des Informationsflusses dürfen nicht fehlen.

2.1 Ist-Standermittlung zur Ausstattung und Infrastruktur

Die Aufgabe der Ist-Standermittlung der Infrastruktur und Ausstattung kann durch **Begehung, Befragung** und/oder **Dokumentenanalysen** gelöst werden, um eine **breite Informationsbasis** zu schaffen. Der finanzielle und zeitliche Aufwand darf den Nutzen (Informationsgewinn) wiederum nicht übersteigen. Zur Auswahl der Bereiche in die Analyse sind mit der umfassenden, integrierenden Sicht der BSC, die Umgebung des Krankenhauses, das Gebäude selbst und Kern-, Support- sowie Managementbereiche einzubeziehen. Welche Bereiche wie detailliert analysiert werden, ist u.a. von deren (bewerteter) Bedeutung für die wesentlichsten, gegenwärtig erbrachten und künftig geplanten Leistungen abhängig. In Kernbereichen bzw. Abteilungen mit einer hohen Rate an SC, z.B. mehr als 35-40%, wird der OP eine höhere Bedeutung haben, als in einer mit etwa 20%. Ähnliches gilt für spezialisierte Abteilungen mit einer präpartalen Station für Risikoschwangere. Hier sind entsprechend die Anästhesie, die Neonatologie oder die Kinderkardiologie detaillierter mit zu betrachten. Die Bedeutung der Support- und Managementbereiche ist umso höher, je wichtiger unterstützende Leistungen sind oder je häufiger sie im Arbeitsablauf benötigt werden, z.b. Leistungen des Labors. Die Visualisierung der Anlage der Räume **innerhalb der** gewählten **Kernbereiche** und deren **Anbindung** an die gewählten **wesentlich beteiligten Kern-, Support- und Managementbereiche** können sich anschließen, z.b. durch ein Prozessmodell w.o. Darauf wird hier zugunsten der Aufzählung beispielhafter Fragen zur Erweiterung der Informationsbasis zum Ist-Stand verzichtet.

Fragen zur Ermittlung des Ist-Standes:
1. Die Umgebung und das Krankenhausgebäude
Wie wird die Umgebung eingeschätzt, z.b. im Bezug auf vorhandene Grünflächen, Bäume, Bepflanzung, Sitzbänke oder Wege für Spaziergänge?
Ist die Beschilderung schlüssig, ansprechend, überflüssig oder fehlen Schilder?
Sind ausreichend, gut ausgeleuchtete, kostengünstige Parkplätze vorhanden?
Sind ausreichend viele Fahrradständer vorhanden, in welchem Zustand sind diese?
Stehen Mülleimer bereit, sind sie ansehnlich und werden regelmäßig geleert?
Wie wird der Anblick des Krankenhausgebäudes eingeschätzt?
Welche Atmosphäre bietet der Eingang (Optik, Geruch, Geräusche, Thermik)?

2. Die Abteilung
Welche Art und Anzahl von Räumen sind vorhanden, z.B. auch Büro- und Untersuchungsräume der Chef- und Oberärzte, Bereitschaftsräume der Assistenzärzte, Kursräume, „Rumpelkammern", Personal- oder Besuchertoiletten?
Entsprechen die Raumarten und deren Anzahl dem Bedarf?
Welche Atmosphäre (Kriterien wie oben) bieten sie?
Auf welchem technischen Stand ist die Ausstattung der Räume und Flure mit Fenstern, Türen, Heizung oder Beleuchtung und in welchem Zustand sind diese?
Welche Art und Anzahl von Ausstattungsgegenständen sind vorhanden, z.B. CTG-, Blutzuckermessgeräte oder Instrumente, entsprechen diese dem Bedarf?
Sind sie technisch modern, in Einzelteilen kompatibel, zweckmäßig, nutzerfreundlich und funktionieren zuverlässig? In welchem Zustand sind sie?
Entsprechen die Räume und die Ausstattung den gesetzlichen Anforderungen an den Brandschutz oder die Hygiene, den (bekannten) Anforderungen, Erwartungen und Bedürfnissen der Patientinnen, der Mitarbeiter und des Managements?

3. Die Support- und Managementbereiche

Ist **die räumliche Lage** der unterstützenden Bereiche dazu geeignet, signifikanten Mehrarbeitszeitaufwand, Stillstand oder Wartezeiten im Arbeitsfluss zu vermeiden, z.B. durch kurze Wege zum Labor oder zum Fahrstuhl?

Entstehen **durch die gegenwärtige Ausstattung** der unterstützenden Bereiche Stillstand oder Wartezeiten, z.B. aufgrund fehlender bzw. langsam arbeitender Geräte im Labor oder durch Fahrstühle in zu geringer Anzahl?

Bestehen Mängel in der **Logistik**, z.B. eine lange Zeitdauer von der Anforderung bis zur vollständigen Lieferung der Medikamente aus der Apotheke, durch unvollständig gepackte Instrumentensets oder aufgrund von regelmäßigem „Schwund" von Teilen der Instrumente im Prozess der Sterilisation?

Zur Beantwortung dieser Fragen sind wieder alle zur Verfügung stehenden Kennzahlen zu nutzen, z.B. die Protokolle der An- oder Nachlieferung von Medikamenten und Sterilgut und deren Prüfung auf (Un)Vollständigkeit.

Bewertung:

Alle (kennzahlengestützten) Informationen können wieder zielorientiert, z.B. im Hinblick auf Stärken (Effizienz), Schwächen (Ineffizienz), Chancen (Effizienzpotentiale) und Risiken (Effizienzverluste) bewertet werden.

Der bewertete Ist-Stand sollte wieder w.o. in den Zusammenhang mit der Entwicklungsphase der Abteilung und die der einbezogenen Bereiche gestellt werden. Der Einbezug von Stärken und Schwächen der Konkurrenz (durch Besuch des Informationsabends z.T. zu sehen), von bekannten Erwartungen der Patientinnen und der Mitarbeiter an ihren Arbeitsplatz ermöglichen die Einordnung der Bewertung an externe und interne Anforderungen/Erwartungen.

Während des Projekts erfolgt die fortlaufende Dokumentation aller Aktivitäten. Damit wird sichergestellt, dass relevante Informationen vollständig, aktuell und den Beteiligten jederzeit verfügbar sind. Auf dieser Basis wird ein Zwischenbericht zum bewerteten Ist-Stand angefertigt. Dieser kann dem Lenkungsausschuss in einer gemeinsamen Sitzung unter Berücksichtigung des (verdichteten) Informationsbedarfs (ggf. auch zu Zeit und Kosten im Bezug auf die Planung) präsentiert werden. Letztere prüft der Projektleiter durch laufendes Controlling. Damit ist der erste Meilenstein erreicht (vgl. Schelle 2010: 243, 244).

2.2 Erarbeitung von Vorstellungen über einem Soll-Stand

Die Aufgabe der Erarbeitung von Vorstellungen über einem Soll-Stand erfolgt zunächst unabhängig von der Umsetzbarkeit, damit die Kreativität einen breiten Raum erhält. Aufgrund der Heterogenität der Bauweise des Krankenhauses, des Leistungsangebots und spezifischer Nutzeranforderungen ist auch hier kein allgemeingültiger Soll-Stand existent. Er beinhaltet w.o. eine effektive Anzahl bestehender (bekannte, unbekannte) und alternativer (kombinierte, innovative) Vorstellungen zu Umbau-, Renovierungs- und Beschaffungsmaßnahmen.

Im Soll-Stand sollten sich die Art und der Umfang des gegenwärtigen und zukünftig geplanten Leistungsangebots widerspiegeln, denn die Anpassung der Strukturen folgt den Leistungen bzw. den Arbeitsablaufprozessen.

Der nachfolgend gezeigte Soll-Stand beinhaltet geäußerte Erwartungen von Patientinnen und Mitarbeitern. Einige Vorstellungen sind Überlegungen der Autorin. Sie beziehen sich auf eine Abteilung mit etwa 1200 Geburten/Jahr, 35% SC, ohne spezifisches Risikoklientel und die Bereiche Kreißsaal, OP und Wochenbettstation. Einige Vorstellungen sind Bestandteil der Praxis, andere haben (noch) innovativen Charakter. Sie sind nach den Ebenen der BSC geordnet.

2.2.1 Soll-Stand auf der Ebene der Finanzen

Die Planung vor dem Umbau, der Renovierung und vor der Erneuerung von Teilen der Ausstattung erfolgt wie in o.g. Idealfall, s. S. 59. Alle Baumaßnahmen werden kostengünstig, innerhalb der Zeitvorgabe und weitgehend mängelfrei durchgeführt. Nach dem Umbau unterstützen die Art, Anzahl, Fläche und die Anlage der Räume sowie deren Ausstattung effiziente Arbeitsablaufprozesse.

Neue Teile der Ausstattung werden unter Berücksichtigung der Komplexitätskosten und der komplexen Nutzeranforderungen beschafft.

Die Raumanlage ist harmonisch in die Infrastruktur des Krankenhauses integriert und belastet nicht die Effizienz anderer Abteilungen.

Die Raumaufteilung und -gestaltung verbindet **dauerhaftes** (grundlegende Nutzeranforderungen) und **wandlungsfähiges** (sich verändernde gesetzliche oder individuelle Anforderungen der Nutzer an die Räume, z.B. Anforderungen der Patientinnen), u.a. durch eine klare, einfache Architektur. Die Räume und die Ausstattung entsprechen den gesetzlichen Anforderungen und Erwartungen des überwiegenden Teils der Nutzer. Die Räume sind auch zukünftig kostengünstig erweiterungs- oder rückbaufähig (vgl. Wischer, Rietmüller 2007: 15, 275).

2.2.2 Soll-Stand auf der Ebene der Kunden

Die Anlage und Gestaltung der Räume und Ausstattung entsprechen den ermittelten Bedürfnissen der Patientinnen, z.B. nach Ruhe und Interaktion. Sie tragen zur Reduktion von Angst vor Unbekanntem, Schmerz und Kontrollverlust, dem Aufbau von Vertrauen und zur Entspannung, auch der Angehörigen, bei.

Die Abteilung wirkt atmosphärisch **optisch ansprechend**, z.B. durch helle, warme Pastellfarben. Es **riecht nicht**, z.B. „krankenhaustypisch", nach Essen, Nikotin, Renovierungsmaßnahmen oder nach neuen Möbeln.

Die **Geräuschkulisse ist angemessen** (beruhigende Betriebsamkeit am Tag, Ruhe in der Nacht und ohne angsteinflößende Geräusche, z.B. durch Geburten.

Lärm von der Straße oder durch Rettungshubschrauber oder -wagen wird durch die räumliche Lage vermieden. Alle Räume vermitteln eine **thermische Behaglichkeit** (angenehme Wärme und Frische) zu allen Jahreszeiten.

Die Anlage der Räume hat klare Strukturen (kein Labyrinth oder endlose Gänge). Sie ermöglicht eine schnelle Orientierung, auch für sehbehinderte oder ausländische Patientinnen. Die Flurbereiche sind frei von Barrieren. Hier stehen z.B. keine Wäscheschränke, Betten, Essen- oder Putzwagen. Große Fenster eröffnen den Blick auf die begrünte Umgebung. Alle Flure sind mit **stabilen Handläufen** versehen, die sich angenehm, z.B. warm und weich anfühlen.

In Gemeinschaftsräumen können gemeinsame Mahlzeiten eingenommen, Gespräche geführt und Besuch empfangen werden. Die ausschließlich **1 und 2-Bettzimmer** auf der Wochenbettstation sind ausreichend groß, so dass die Betten nicht zu eng zusammenstehen. Sie haben **innen liegende Bäder**. Infektionsrisiken werden so vermieden, z.B. auch für die Kinder (vgl. Busley, Popp 2010: 227).

Kinderbetten und Geräte (Tropfständer, Blutdruckmesser) sind leicht zwischen den Betten zu bewegen. Die **passende Beleuchtung**, z.B. für nächtliches Stillen, ein Telefon und die Klingel sind bequem vom Bett aus erreichbar.

Bei Bedarf können **Vorhänge** zwischen den Betten vorgezogen werden.

Sie **bewahren die Intimsphäre**, z.B. bei Stillhilfe oder zur Kontrolle der Blutung. Die Tische haben glatte, warm wirkende Oberflächen, abgerundete Kanten und sind ausreichend groß. Die **Stühle** besitzen **Armstützen**, sind ausreichend hoch, breit, bequem, robust-stabil und **vertragen Gewicht**.

In Entbindungsräumen stehen bequeme Sitzmöglichkeiten auch für die Angehörigen bereit und **nur die notwendigsten** medizintechnischen **Geräte**.

2.2.3 Soll-Stand auf der Ebene der Arbeitsablaufprozesse

Wesentlich beteiligte Bereiche liegen eng **räumlich eng zusammen** bzw. sind integrierte Bereiche. Der Kreißsaal und die Wochenbettstation sind durch einen zentralen Empfangsbereich miteinander verbunden, s. Anlage 5. Hier stellt in mittleren und größeren Abteilungen **die kompetente Stationsmanagerin** während der Kernarbeitszeit permanente Erreichbarkeit über mehrere Telefone sicher. Sie empfängt primär die Patientinnen, Besucher, Handwerker usw.

So wird die Anzahl der Arbeitsunterbrechungen für die Pflegekräfte reduziert. Hinter oder neben dem Empfangsbereich liegt das gemeinsam genutzte Dienstzimmer (trennbar durch eine Schiebewand, z.B. für getrennte Dienstübergaben). Von hier aus werden die Patientinnen interdisziplinär betreut.

Anmeldegespräche, ambulante Kontrollen, elektive Aufnahmen, z.B. zur primären SC oder Einleitung, erfolgen im **Aufnahmebereich** des Kreißsaales oder in separaten Untersuchungszimmern. Diese Räume sind die ersten zwischen Dienstzimmer und Kreißsaal, damit „Geburtsgeräusche" aus den weiter hinten liegenden Entbindungsräumen ankommende Patientinnen und Wöchnerinnen nicht ängstigen. Davor oder gegenüber befinden sich **Wartebereiche.** Sie sind einladend eingerichtet, bieten Lesestoff, ästhetische Bilder, Getränke und Snacks.

Zwischen Kreißsaal und Wochenbettstation befinden sich **Räume**, die als Entbindungs- **und** Patientenzimmer zu nutzen sind sowie reine/unreine Arbeitsräume, Geräte-, Material- und Bettenlager. Auch diese werden gemeinsam genutzt. Letztgenanntes hat zwei Räume. In einem werden Betten gereinigt und mit frischem Bettzeug und -wäsche aus den hier stehenden Wäscheschränken versehen, im anderen stehen die Betten abgedeckt bis zur Verwendung.

Größere Abteilungen besitzen einen eigenen OP. In mittleren und kleinen Abteilungen hat der Kreißsaal eine räumlich enge **Anbindung** an den Zentral-**OP.** Die Zimmer der Schwangeren sind (vom Kreißsaal aus gesehen) die ersten auf der Wochenbettstation. In den Zimmern dazwischen werden Wöchnerinnen mit Kind, in den hinteren Zimmern die Wöchnerinnen, die ihr Kind nicht bei sich haben können, z.B. weil es auf der Kinderintensivstation liegt oder nach Abort, betreut.

Da sich mehr Mitarbeiter innerhalb des Bereiches befinden, können durch Einsatz einer Vertretung Ruhepausen im Sinne des ArbZG überwiegend eingehalten werden (sofern ausreichend viele Stellen mit Hebammen auf der Wochenbettstation besetzt und alle auch im anderen Bereich eingearbeitet sind).

Für Pausen steht ein freundlich gestalteter Raum mit Balkon oder Terrasse, einer Teeküche und mit bequemen Möbeln zur Verfügung.

Die Abteilung ist zum Versenden von Blutproben, Abstrichröhrchen usw. durch eine Rohrpostanlage an das Labor angebunden. Die Wege zu weiteren, wesentlichen Support- und Managementbereichen, auch zum Fahrstuhl, sind kurz. Die räumlich enge Lage lässt **interdisziplinäre Zusammenarbeit** und überwiegend **direkten Informationsaustausch** zu. Dies erhöht das Gefühl der Zusammengehörigkeit zwischen Mitarbeitern. Die Raumanlage **generiert Zeit.** Diese Zeit steht für ausreichend viel Kommunikation mit der Patientin und deren Angehörigen sowie für eine optimale Betreuung und Behandlung zur Verfügung.

2.2.4 Soll-Stand auf der Ebene der Ressourcen

2.2.4.1 Soll-Stand auf der Ebene der Mitarbeiter

Der weitgehend flexibel einsetzbare Pool an Mitarbeitern ermöglicht die Berücksichtigung des Alters, einer Krankheit, körperlicher Besonderheiten, z.B. Kleinwuchs oder individueller Belastungsgrenzen bei der Aufgabenverteilung.

So können immobile, schwergewichtige Frauen zu zweit (um)gelagert oder Betten überwiegend zu zweit transportiert werden.

Nach oder innerhalb schwieriger Aufgabeninhalte, z.B. die Betreuung einer Frau, die ein behindertes Kind erwartet, kann eine Pause oder die Abwechslung mit Aufgabenwechsel für Entlastung der Mitarbeiterin sorgen.

In einem Gruppenraum werden bereichsübergreifende Tätigkeiten, z.B. Ausbildung, Fallkonferenzen, Projektarbeit, Geburtsvorbereitungskurse oder Yoga durchgeführt. Hier befinden sich u.a. ein großflächiger, von allen Seiten begehbarer (Klapp)Tisch, ein Beamer, eine Musikanlage, Gymnastikmatten und Decken. Die (vorhandenen) Sanitär-, Arbeits- und Bereitschaftsräume haben große Fenster, letztgenannte einen Balkon oder eine Terrasse. Frischluftzufuhr und der Blick (bzw. Gang) nach draußen sind so möglich. Für jeden Zweck steht die passende Beleuchtung bereit. Die Akustik lässt die Wahrnehmbarkeit von Geräuschen zu (Hören der Klingel an der Kreißsaaltür, des CTG). Überlagerungen durch andere Geräusche sind kaum existent. Das Klima ist ganzjährig behaglich. Es wird nicht durch Zugluft, Kälte, Hitze oder stickige Luft beeinträchtigt.

Die Räume und deren Ausstattung vermitteln Freude auf und Wohlbefinden während der Arbeit. Sie generieren die langfristige Fähigkeit zur Erbringung von Leistungen und motivieren zu deren Einsatz.

2.2.4.2 Soll-Stand auf der Ebene der Ausstattung und Infrastruktur

Untersuchungs-, Lager- oder Pausenräume werden bereichsübergreifend genutzt. So wird Fläche generiert, die in einigen Räumen fehlt. Auch Teile der Ausstattung werden (bei räumlich enger Zusammenlage) bereichsübergreifend genutzt, z.B. Blutzuckermessgeräte, so dass eine doppelte Ausstattung unnötig ist.

Die Räume sind mit **moderner, energieeffizienter** Gebäude- und Haustechnik sowie mit Geräten ausgestattet. Alles befindet sich in einem gepflegten Zustand.

Die Fenster in Dienst- und Patientenzimmern haben Fliegengitter zum Schutz vor Insekten. Durch Außen- oder Innenjalousien wird Einsicht von außen und Blendung vermieden, z.B. durch grelles Sonnenlicht.

Der Kreißsaal besitzt eine **Überwachungsanlage**, die alle laufenden CTG's an zentralen Stellen der Abteilung auf Monitoren anzeigt.

Gebrauchte Instrumente reinigt die **Instrumentenspülmaschine**.

Häufig genutzte Medikamente, sterilisierte Instrumente usw. sind in Brusthöhe gelagert, Waschbecken und Steckdosen in ausreichender Zahl vorhanden.

Im OP **können zwei SC zeitgleich durchgeführt werden.** Er ist kurzzeitig zu erwärmen, z.B. für Frühgeburten. Die Optik entspricht auch den geburtshilflichen Nutzern. Der OP-Tisch ist für schwergewichtige Patientinnen, z.B. mit > 120 kg Körpergewicht geeignet. Die Oberflächen des Tisches sind (ab)rutschsicher.

Für ausführliche Dokumentation, z.B. nach einer Geburt, steht ein vom Dienstzimmer abtrennbarer Raum mit einem großflächigen Tisch zur Verfügung. Hier können Akten in Ruhe bearbeitet und ohne Gefahr des Herabfallens von Einzelteilen oder der Durchmischung mit anderen Akten ausgebreitet werden.

Durch ausreichend vorhandene 1-Bettzimmer für Patientinnen mit (Verdacht auf) Infektionen (s. Glossar) wird die Blockade von Mehrbettzimmern vermieden.

Die Patientenzimmer sind so groß, dass das hintere Bett leicht aus dem Zimmer geholt werden kann, ohne das vordere Bett verschieben zu müssen.

Die Umgebung des Krankenhauses ist mit Bäumen und Sträuchern bepflanzt und gepflegt. Das Krankenhausgebäude wirkt optisch ansprechend, der Eingangsbereich ist hell und luftig. Kurzfristig können Angehörige das Auto vor dem Eingang parken, um die „wehende" Frau zügig in den Kreißsaal zu bringen.

Zum Transport dorthin stehen Rollstühle bereit. Die Beschilderung lässt eine schnelle Orientierung auf dem Weg zur Abteilung zu. Patienten und Mitarbeiter rauchen wenn, dann innerhalb einer „Insel" und nicht vor dem Krankenhaus u.ä.

3 Projektzielorientierte Auswahl aus den Vorstellungen

Anhand der fortlaufenden Dokumentation kann ein Zwischenbericht mit verdichteten Informationen zu Vorstellungen über einem Soll-Stand für die Mitglieder des Lenkungsausschusses angefertigt und präsentiert werden. Danach ist ein weiterer Meilenstein erreicht. Die **projektzielorientierte Auswahl von Maßnahmen** zum Umbau, zur Renovierung und zur Erneuerung von Teilen der Ausstattung sowie die Formulierung der Empfehlungen schließen sich an.

Auch das finanzielle und zeitliche Budget des Gesamtprojekts ist i.d.R. begrenzt, so dass die Umsetzung einer Soll-Vorstellung gegenwärtig nicht möglich sein kann. Deshalb sind die wieder die Maßnahmen herauszufiltern, für die prioritärer Handlungsbedarf besteht. Zur Empfehlung können aus diesen innerhalb des Budgets liegende Maßnahmen ausgewählt werden, z.B. zur Beschaffung von Teilen der Ausstattung oder/und für **infrastrukturelle Verbesserungen**. Hier werden die Anlage, Art, Anzahl und/oder Größe von Räumen innerhalb einzelner Bereiche verändert. Die Empfehlungen können ebenso außerhalb des Budgets liegende Maßnahmen beinhalten, z.B. für **infrastrukturelle Neugestaltungen.** Hier werden mehrere Bereiche zusammen- oder auseinandergelegt. Außerhalb des Budgets liegende Maßnahmen sind die Grundlage für langfristige Ziele.

Alle Empfehlungen sollten den Nutzen und Risiken von Maßnahmen begründen. Abbildungen, z.B. zur Anlage der Räume, unterstützen das Verständnis.
Mit **infrastrukturellen Verbesserungen** lassen sich weniger aufwändig und kurzfristig Differenzen zwischen Ist- und Soll -Stand ausgleichen. Hier besteht die Gefahr von Teillösungen, die früher oder später erneute Umbauten erfordern.
Infrastrukturelle Neugestaltungen erfordern wesentlich mehr Kosten-, Zeit- und Umsetzungsaufwand, weil sie meist nicht während des laufenden Betriebs, sondern nach Verlagerung der Abteilung während der Umbauphase umsetzbar sind. Sie können **dann empfohlen** werden, wenn

> ➤ Handlungsbedarf besteht und mit infrastrukturellen Verbesserungen die Effizienz nicht (mehr) signifikant erhöht werden kann

> ➤ mittel- und langfristig wirksame Maßnahmen notwendig werden

(vgl. Wischer, Rietmüller 2007: 271).
Dem hohen Aufwand steht bei durchdachter Planung und optimalem Umbau eine Lösung entgegen, die langfristig zur signifikanten Erhöhung der Effizienz führt.

4 Abschluss des Projekts

Ein formaler Abschluss rundet das Projekt ab und sollte deshalb nicht fehlen. So können in einer **gemeinsamen Abschlusssitzung** den Mitgliedern des Lenkungsausschusses und den Mitarbeitern der betroffenen Bereiche die **Empfehlungen** für Maßnahmen und die **Abbildungen** präsentiert werden. Fragen zum Verständnis, zur Entstehung oder der Herkunft der Ergebnisse finden hier eine Antwort. Erste Rückmeldungen werden zeigen, ob die Ergebnisse den Erwartungen der einzelnen Berufsgruppen entsprechen. Lob sollte motivieren und Kritik als Anregung für Verbesserungen in weiteren Projekten verstanden werden. Abschließend wird ein Schlussbericht verfasst und die Projektdokumentation an einem bzw. mehreren bestimmten Ort(en) hintergelegt (vgl. Bahmann et al. 553).

Nach diesem Teilprojekt schließen sich die weiteren an. Bei Großprojekten wird häufig ein Architektenwettbewerb ausgeschrieben und ein Bauplan aus mehreren ausgewählt. Bei mittleren und kleineren Projekten können z.B. die Architektin, Ingenieure und die späteren Nutzer stufenweise eine Bauplanung optimieren.

In beiden Fällen sind die Ergebnisse der Projektarbeit die Grundlage der Bauplanung. Es folgen der Umbau, die Renovierung, die Neuausstattung und die Inbetriebnahme der umgebauten Abteilung (vgl. Wischer, Riethmüller 2007: 268).

5 Evaluation des Projekts mit der Balanced Scorecard

In der Evaluation kann die Zielerreichung des Teilprojekts wieder kennzahlengestützt mit der BSC anhand der Zielvorgaben überprüft werden, z.B.:

> ➢ Wie hoch waren die Kosten (in Euro)?
> ➢ Wie viel Zeit wurde benötigt (in Stunden)?
> ➢ Entsprachen die Ergebnisse den Erwartungen der Auftraggeber,
>   z.B. sind die Ergebnisse zu verwerten, zum Teil oder nicht zur Bauplanung
>   zu geeignet (vgl. Bahmann et al. 2010: 553)?

Das Gesamtprojekt ist (nach Beseitigung sofort feststellbarer Mängel) erst nach einer Phase der Gewöhnung an die neuen Räumlichkeiten und an die Ausstattung zu evaluieren. Diese Phase beträgt meist mehr als ein Jahr. Danach liegen Kennzahlen zur Evaluation vor, z.B. zu Prozesskosten, zu QI, zum Krankenstand der Mitarbeiter, zum Energie- und Wasserverbrauch oder Auswertungen von Befragungen zur Zufriedenheit der Patientinnen und der Mitarbeiter.

Eigene Mitarbeiter aus dem Controlling oder externe Prüfer, z.B. die Architektin, können die Evaluation durchführen (vgl. Wischer, Riethmüller 2007: 271).

Teil E: Zusammenfassung und Schlusswort

1 Zusammenfassung

In diesem Buch wurde gezeigt, wie das Management und die Mitarbeiter geburtshilflicher Abteilungen schrittweise ein individuelles Konzept zur Erhöhung der Effizienz entwickeln können. Damit können Ziele und Maßnahmen zur kurz-, mittel- und langfristigen Erhöhung der Effizienz systematisch auf mehreren Ebenen im Prozess der Leistungserbringung abgeleitet und kontinuierlich umgesetzt werden. Die Rahmenbedingungen, theoretische Grundlagen und die heterogene Ausgangslage der Abteilungen wurden in den ersten beiden Kapiteln betrachtet. Das dritte Kapitel beschrieb die Konzeptentwicklung. Es zeigte vielfältige Maßnahmen zur Erhöhung der Effizienz im Prozess der Leistungserbringung auf vier Ebenen. Die Umsetzung einer Maßnahme des Konzepts in die Praxis war Inhalt des vierten Kapitels.

2 Schlusswort

Schon heute ist die wohnortnahe Versorgung der Bevölkerung mit Leistungen der Geburtshilfe gefährdet, besonders in ländlichen Gebieten. Zeitgleich wird vor dem Hintergrund knapper, gesamtgesellschaftlicher Ressourcen in Deutschland über den ökonomischen (Un)Sinn der Existenz von über 800 geburtshilflichen Abteilungen, vor allem der kleineren, diskutiert (vgl. u.a. Feige 2010: 179).

Die Frage, wer „klein" und wer „groß" ist, bemisst sich mit der integrierenden Betrachtungsweise der BSC nicht (mehr) nur an der Anzahl der Geburten. Danach sind Abteilungen „groß-artig", die ihre Leistungen effizient, qualitativ hochwertig, unter schonendem Einsatz der Ressourcen erbringen und Ziele in Lehre, Ausbildung und Forschung mit dauerhaft gesunden Mitarbeitern erreichen. In vielen Abteilungen wird zur Erreichung dieser Ziele weit mehr Transparenz, interdisziplinäre Zusammenarbeit und zielführender Wissensaustausch zwischen dem Management und den Mitarbeitern notwendig sein, als dies bisher üblich war bzw. derzeit ist. Es bedeutet u.U. den Abschied von tradierten Sitten, hohen Hierarchien, elitären Einzelinteressen und dem „Das geht (hier) nicht! ".

Wie zur Erreichung dieser Ziele vorgegangen werden kann, war Thema des vorliegenden Buches. Der Zeitpunkt, gemeinsam mit der Entwicklung eines Konzepts zu beginnen, könnte in Anbetracht o.g. Herausforderungen kein besserer sein. Die Autorin wünscht allen Mitarbeitern Motivation und Mut zu Veränderungen sowie Erfolg bei der Umsetzung von Veränderungsmaßnahmen!

Glossar

Ausstattung - zur Ausstattung geburtshilflicher Abteilungen zählen z.B. geburtshilflich - spezifische und andere Möbel, medizintechnische und Haushaltsgeräte, Instrumente, Medikamente, Einmalmaterial, eine zentrale Überwachungsanlage oder die Informations- und Kommunikationstechnologie (IuK), z.B. mit Computern, Druckern und Telefonanlagen.

Belegabteilungen - sind meist kleinere Abteilungen. Hier arbeiten ausschließlich Beleghebammen und/oder Belegärzte. Sie sind nicht im Krankenhaus angestellt, sondern nutzen die Infrastruktur des Hauses, um Geburten zu betreuen oder Wochenbettbesuche durchzuführen. Ihre Leistungen stellen sie selbst über die berufsspezifische Gebührenverordnung der Krankenkasse der Patientin in Rechnung. Für Belegabteilungen wird ein separater Fallpauschalenkatalog veröffentlicht (s.a. Glossar: Hauptabteilung) (vgl. Schwenzer 2010: 739).

Bewertungsrelation (BWR) - auch Kosten- oder Relativgewicht.
Sie widerspiegelt den durchschnittlichen, ökonomischen Aufwand im Zusammenhang mit der Erbringung einer Leistung bzw. DRG in Relation zu einem Referenzwert von **1,0**. So ist der **DRG O60D** in Hauptabteilungen eine BWR von **0,507**, in Belegabteilungen eine BWR von **0,412** zugeordnet.
Den meisten DRG´s ist eine bundeseinheitliche BWR zugeordnet.
Die volle BWR zur Erlösberechnung kann nur innerhalb einer mittleren Verweildauer (s. Glossar) angesetzt werden (vgl. Zapp, Oswald 2009a: 27, 28; Fallpauschalenkatalog 2012; Münzel, Zeiler 2010: 135).

Blutgasanalyse - beinhaltet die Messung des Blutgas- bzw. pH-Wertes
(Säure-Basen-Wert bzw. Status) aus dem menschlichen Blut mit pH-Messgeräten.
So wird z.B. unmittelbar nach jeder Geburt Blut aus der Nabelschnur entnommen, um festzustellen, ob und in welchem Ausmaß beim Kind unter der Geburt ein Sauerstoffmangel aufgetreten ist. Blutgasanalysen sind seit mehr als 20 Jahren etablierter Bestandteil der Qualitätskontrolle in der Geburtshilfe.

Bradycardie - kindlicher Herztonabfall, kann stets und völlig unerwartet in der Schwangerschaft und in jeder Phase der Geburt auftreten. Nur sofortiges, richtiges Handeln sichert in dieser Situation Gesundheit und Überleben des Kindes.

Break-even-Point - wird auch als Gewinnschwelle bezeichnet.
Fixe Kosten (s. Glossar) zur Vorhaltung von Leistungen, z.B. für die Mindestbesetzung mit Mitarbeitern, für Räume und für die Ausstattung, fallen auch bei einer theoretischen Fallzahl = Null an. Gewinne entstehen deshalb erst ab einer (Mindest)Fallzahl über diesem Punkt (vgl. Thiex-Kreye 2005: 119, 120).

CIRS (clinical incident reporting system) - sind Fehlermeldesysteme, in der Ärzte ihre Fehler, die zu kritischen Ereignissen (Beinahe - Schadensfällen) geführt haben, anonym in eine Datenbank eingeben und beschreiben können. Der Zugriff darauf ermöglicht eine strukturierte Fehleranalyse, das Lernen aus Fehlern anderer und ist damit ein Mittel zur Fehlerprävention. Das System ist u.a. aufgrund von Zweifeln an der Anonymität umstritten, es wurde in einigen Krankenhäusern eingerichtet, einschl. möglicher Fehlermeldungen nach eingetretenen Schadensfällen. Die Einrichtung eines CIRS kann durch sinkende Fehlerquoten und in der Folge sinkenden Haftpflichtansprüchen von Patienten zum Nachlass der Krankenhaushaftpflichtversicherungprämie führen (vgl. Knoch 2011: 280, 283; Ertl-Wagner et al. 2009: 152).

Controlling - Ableitung aus dem Begriff „to controll", bedeutet, etwas unter Kontrolle zu haben, zu lenken und zu führen, z.b. ablaufende Prozesse im Bezug auf Kosten, Qualität oder/und Zeit kontinuierlich zu überprüfen (vgl. Zapp 2010: 172, 182).

Controllingabteilung - die Einrichtung dieser Abteilung wurde nach Einführung des DRG-Systems in den Krankenhäusern notwendig. Deren Aufgabe besteht darin, das Management mit relevanten und verständlich aufbereiteten Informationen zu versorgen, damit die wirtschaftliche Unternehmensführung kontinuierlich gewährleistet ist (vgl. Zapp 2010: 224).

CTG - Kardiotokographie - beinhaltet die simultane Aufzeichnung der fetalen (kindlichen) Herzfrequenz und der mütterlichen Wehen durch CTG - Geräte.

Data-Warehouse - ist ein System der Informationstechnologie, mit dem Daten/Kennzahlen aus internen und externen Quellen, z.B. aus dem Controlling oder dem AQUA-Institut in das Berichtssystem übernommen werden können. Es vereinfacht die zielgruppenspezifische Aufbereitung und Erstellung von Berichten. Kennzahlen stehen tagesaktuell zur Verfügung, können nutzerspezifisch angepasst werden, z.B. in der Auswahl oder zur Unterstützung des Verständnisses mit Grafiken. Das System entspricht den Anforderungen des Datenschutzes (vgl. Kirstein 2010: 301).

Deckungsbeitragrechnung (vereinfacht) - ist ein Kostenrechnungssystem zur Ermittlung des Anteils der Erlöse, der nach Abzug der variablen Kosten (steigen oder fallen mit der Fallzahl) zur Deckung der Fixkosten (sind unabhängig von der Fallzahl) und für Gewinne zur Verfügung steht (vgl. Zapp 2009: 401).

EHEC-Infektionen - Infektionen durch enterohämorrhagische Escherichia (E.) coli., traten im Frühsommer 2011 epidemisch v.a. in Norddeutschland auf, erneut im Winter 2012 in Hamburg, verursachen schwerwiegende Krankheitsbilder, die bis zum Tod führen können.

Energieeffizienz - ist das Erreichen eines möglichst optimalen Verhältnisses zwischen dem Nutzen (dem Umfang der verwendbaren Energie) und dem Umfang der dafür aufgewendeten Energie (vgl. Dzukowski 2011: 55).

Entwicklungsphasen einer Abteilung können sein:

Wachstumsphase = wachsender Gewinn bzw. sinkender Verlust im Jahr,

Reifephase = die Effizienz erbrachter Leistungen ist ausreichend hoch, erzielte Gewinne können für Investitionen eingesetzt werden, Wettbewerbsfähigkeit ist gewährleistet,

Erntephase = das investierte Kapital wirft Gewinne ab, Rücklagenbildung ist möglich.

Erlöse - sind vereinfacht das Produkt aus Basisfallwert (BFW) und Bewertungsrelation (BWR) (s. Glossar), stationäre Leistungen (DRG´s) werden damit vergütet.

Facility Management - ist das prozessorientierte Gebäudemanagement.

Es zielt auf den Bau und die Ausstattung von Gebäuden zur Schaffung und Sicherstellung aller Voraussetzungen für den optimalen Ablauf der Kernprozesse unter Integration der notwendigen Support- und Managementprozesse.

Es reicht von der Planung bis zum Abriss/Rückbau. Ein Teilgebiet des Facility Managements ist effizientes Energiemanagement, dem im „energieintensiven" Krankenhausbetrieb, insbesondere in der Geburtshilfe (z.B. durch die Notwendigkeit der Vorhaltung und des Betriebs sehr warmer Räume) bei stetig steigenden Preisen für Energie und Umweltbelastungen durch Energieerzeugung wachsende Bedeutung zukommt (vgl. Goedereis 2008: 597, 598, 601).

Fälle - sind nicht nur Geburten, sondern auch andere erbrachte Leistungen (s. Glossar), z.B. während der Schwangerschaft (u.a. die DRG O64B - Frustrane Wehen, ein Belegungstag) (vgl. Fallpauschalenkatalog 2012).

Fixe Kosten - fallen unabhängig vom Auslastungsgrad an, z.B. zur Vorhaltung. einer Mindestbesetzung mit angestellten Hebammen sowie Gesundheits- und (Kinder)Krankenpflegerinnen und warmer, sauberer Räume.

Auch fixe Kosten unterliegen der Variabilität, wenn z.B. Personalkosten durch Abschluss neuer Tarifverträge steigen oder das Krankenhaus zu einem Stromanbieter mit günstigeren Tarifen wechselt.

Ganzheitliches Beschaffungsmanagement (GBM) - reicht von der Berücksichtigung aller relevanten Einflussfaktoren einer Beschaffungsentscheidung, z.B. der Komplexitätskosten und des -nutzens bis zur Steuerung des Verbrauchsverhaltens der Nutzer (vgl. v. Eiff 2011: 243).

Hauptabteilungen - sind meist mittlere bis große Abteilungen, hier werden Geburten durch angestellte und Beleghebammen durchgeführt. Für Geburten mit einer Beleghebamme (s. Glossar: Belegabteilung) müssen Abschläge von der BWR (s. Glossar) und damit vom Erlös durch das Krankenhaus in Kauf genommen werden, im Gegenzug entstehen diesem keine Personalkosten.

In kleinen und mittleren Hauptabteilungen werden Schwangere mit Risiken oder Schwangerschaftsbeschwerden meist auf der Wochenbettstation aufgenommen und betreut, in mittleren und größeren bzw. spezialisierten Abteilungen, z.B. auf Frühgeburten, werden Schwangere häufig auf einer separaten, präpartalen (vorgeburtlichen) Station betreut (vgl. Schwentzer 2010: 742, 743).

Image - der gute (oder schlechte) Ruf, erzeugt eine meist emotional geprägte Vorstellung bei Menschen über ein Krankenhaus und dessen Leistungen.
Gute oder schlechte Vorstellungen durch Gehörtes bzw. eigene Erfahrungen werden oft undifferenziert von einer auf andere Abteilungen übertragen. Ein positives Image erhöht das Vertrauen und die Bindung neuer und vorhandener, relevanter Kunden und Mitarbeiter, verbessert die Verhandlungsposition gegenüber Krankenkassen, Fremdunternehmen oder Geldgebern, z.B. dem Land.
Ein schlechter Ruf ist besonders verheerend, weil er sich langfristig in die Vorstellungen der Menschen einprägt (vgl. Kreher 2011: 196).

InEK - Institut für das Entgeltsystem im Krankenhaus, hat die gesetzliche Aufgabe zur Weiterentwicklung des DRG-Systems, veröffentlicht jährlich die Kostendaten der Kalkulationskrankenhäuser (s. Glossar), für geburtshilfliche nur auf Hauptabteilungen (s. Glossar). Auf Basis dieser Daten wird jährlich die Bewertungsrelation (BWR, s. Glossar) neu kalkuliert und errechnet
(vgl. Schwenzer 2010: 740; Friedrich et al. 2010: 130).

Infektionen - virale und bakterielle Infektionen steigen in den letzten Jahren weltweit an. Dies betrifft bekannte, wie Tuberkulose, Diphterie, Hepatitis A, B und C, mit Noroviren usw. und unbekanntere, neuartige wie SARS (Atemnotsyndrom durch Viren), EHEC-Infektionen (s. Glossar) oder Influenzaarten, wie Vogelgrippe. Ursachen sind u.a. die sinkende Impfbeteiligung der Bevölkerung, Mobilität und Reisen in ferne Länder und zunehmende Resistenzen gegenüber zahlreichen Antibiotika.
Infektionen sind rund um Schwangerschaft und Geburt besonders gefürchtet, weil Risiken, z.B. Komplikationen, für die Mutter, ihr ungeborenes und/oder für das neugeborene Kind gravierende Auswirkungen auf Leben und Gesundheit haben können (vgl. Meinel 2011: 231, Koch et al. 2012: 420).

Kalkulationskrankenhäuser - sind Krankenhäuser, die auf freiwilliger Basis am Kalkulationsverfahren teilnehmen. Sie übermitteln ihre aus den Abrechnungen ermittelten Daten an das InEK (s. Glossar). Grundsätzlich können alle Krankenhäuser teilnehmen, damit verbundene Aufwände werden überwiegend ersetzt. Von der Mitwirkung kann durch Einflussnahme auf das Ergebnis (eine aufwandsgerechte BWR, s. Glossar), zur Verfügung gestellte Software-Elemente, eine Erweiterung des Wissens und Generierung der Controllingfähigkeit von Kosten und Erlösen profitiert werden (vgl. Fritze 2010: 205).

Kennzahlen - reduzieren Sachverhalte auf abbildbare Zahlen, quantitative Kennzahlen sind z.B. der Gewinn (absolute Zahl) oder das Verhältnis von Personalkosten je Mitarbeiter (Verhältniszahl), qualitative Kennzahlen sind z.B.

Bewertungen zur Zufriedenheit aus Befragungen von Patientinnen, z.B. im Bezug auf Freundlichkeit, den Einbezug der Angehörigen, auf Empathie usw. (vgl. Bienert 2004: 31).

Kennzahlensysteme - stellen eine Verbindung mehrerer Kennzahlen in einem Ordnungs- oder Rechensystem dar, z.B. in einer BSC oder einer KLEE-Rechnung (s. Glossar). Damit werden betriebswirtschaftliche Zusammenhänge, z.B. Auswirkungen beim Verändern einer Kennzahl auf die anderen, deutlicher, als die isolierte Betrachtung einzelner Kennzahlen (vgl. Bienert 2004: 32, 33).

KLEE-Rechnung - Kosten-, Leistungs-, Erlös- und Ergebnisrechnung, ist i.w.S. ein Kostenrechnungssystem. Es generiert Kennzahlen zu Kosten, erbrachten Leistungen, erzielten Erlösen und dem Ergebnis (Gewinn oder Verlust) zu Informationszwecken (Wissen) und der gezielten Lenkung der Wirtschaftlichkeit (Handeln) (vgl. Zapp, Oswald 2009a: 31, 32).

Komplexitätskosten - sind alle Kosten, die im Zusammenhang mit Bau und Nutzung von Gebäuden und Räumen bzw. mit der Beschaffung und Nutzung der Ausstattung entstehen.

Komplexitätskosten bei Gebäuden und Räumen
sind beim Bau z.B. Sach- und Arbeitszeitkosten für die Erarbeitung des Bau- und Raumkonzepts, der Finanzierung, Planung, dem Bau bis hin zum Abriss/Rückbau, sind in der Nutzung z.B. Sach- und Arbeitszeitkosten für Wartung, Beheizung oder Reinigung.

Komplexitätskosten bei der Ausstattung
sind zur Beschaffung z.B. Sach- und Arbeitszeitkosten für Planung, Finanzierung, die Beschaffung selbst bis hin zur Entsorgung, auch von Verpackungsmaterial, sind in der Nutzung z.B. Sach- und Arbeitszeitkosten für Wartung, Zubehör, Reparaturen, Desinfektion, Reinigung, Sterilisation, Strom- und Wasserverbrauch und Entsorgung (vgl. v. Eiff 2011: 246, Möller 2011: 25, 26).

Komplexitätsnutzen - beinhaltet integrierte Anforderungen aller Nutzer an Gebäude, Räume und die Ausstattung.
Bei Gebäuden und Räumen sollte dieser geeignet sein, Effizienz- und Qualitätsziele zu erreichen sowie Risiken zu vermeiden, z.B. durch geringe Komplexitätskosten, durchdachte Raumanordnung, effektive und zweckmäßige Raumanzahl und -größe, optimale Nutzung oder Brandschutzsicherheit
Gebäude und Räume sollten nutzerfreundlich für Patienten und Personal sein, z.B. durch Möglichkeiten für Nähe, Distanz und zur Wahrung der Intimsphäre, visuellen, akustischen (Schallschutz), thermischen Komfort zu allen Jahreszeiten bieten oder hygienisch und leicht zu reinigen sein.
Bei der Ausstattung sollte dieser geeignet sein, Effizienz- und Qualitätsziele zu erreichen sowie Risiken zu vermeiden, z.B. durch geringe Komplexitätskosten,

grundsätzliche und schnelle Verfügbarkeit, Zweckmäßigkeit, effektive Nutzung, Funktionssicherheit oder hygienischer Reinigungsmöglichkeit.
Die Ausstattung sollte nutzerfreundlich für Patienten und Personal sein, z.B. durch zuverlässige Funktionalität, komfortables Handling (wenig Kraft- oder Zeitaufwand bis zum Herstellen der Funktionsbereitschaft, bis zum zur Verfügung stehenden (Mess)ergebnis usw.), leichte Anpassbarkeit an spezifische Bedarfe, etwa der (Entbindungs)Betten oder Funktionen bei Geräten, Strapazierfähigkeit oder wenig aufwändige Reinigungsmöglichkeit (vgl. v. Eiff 2011: 246).

Kostendegression - mit steigendem Leistungsumfang steigen die Kosten i.d.R. nicht linear, sondern degressiv (bei beständigen fixen Kosten). Dabei sinken die Kosten bzw. steigt der Gewinn je Fall. Dieses Phänomen wird auch als Kostendegressions- oder Skaleneffekt bezeichnet.
Der Eintritt dieses Effekts ist in Krankenhäusern im Gegensatz zur freien Wirtschaft nicht zwingend zu erwarten, weil spezifische Einzelfaktoren, u.a. Zu- oder Abschläge bei Über- bzw. Unterschreitung der Verweildauer (VD, s. Glossar) vom Erlös, Mehr- oder Mindererlösausgleichsregelungen bei Abweichungen vom vereinbarten Erlös-Budget oder Zusatzentgelte die Erzielung von Gewinn oder Verlust beeinflussen. Inwiefern dieser Effekt tatsächlich eintritt, ist daher im Einzelfall zu prüfen (vgl. Thiex-Kreye 2005: 119, 120).

Leistungen - werden in Leistungskomplexen bzw. zu Fällen mit homogenem Ressourcenverbrauch zusammengefasst und diesen je eine DRG zugeordnet, die mit einer Fallpauschale, d.h. einem festen Erlös in Euro, vergütet wird.

Mikroblutgasanalyse (MBU) - auch fetale (kindliche) Blutgasanalyse, (FBA), ist eine intrapartal (innerhalb des Geburtsverlaufs) durchgeführte Blutgasanalyse (s. Glossar) mit Blutentnahme aus dem kindlichen Köpfchen zur Messung der Blutgaswerte bzw. pH-Werte (s. Glossar). Sie wird, wenn möglich, z.B. bei ausreichender Muttermundseröffnung oder wenn kein Notfall vorliegt, zur Abklärung suspekter CTG's (s. Glossar) durchgeführt, dient der Vermeidung bzw. Früherkennung und Erfassung des Ausmaßes einer Asphyxie (Sauerstoffmangel).

Mütterliche Mortalität - umfasst nach Definition der WHO mütterliche Sterbefälle während der Schwangerschaft oder innerhalb von 42 Tagen danach (ohne Unfälle oder sonstige, zufällige Ereignisse), sie liegt etwa seit zwanzig Jahren bei etwa 3-6 verstorbenen Frauen je 100 000 Lebendgeborener, in Deutschland sind 2009 24 und 2010 22 Frauen in diesem Zusammenhang verstorben (vgl. Misselwitz 2010: 723, 724; AQUA-Institut GmbH 2011: 6).

Neonatologie - Teilgebiet der Kinderheilkunde, beschäftigt sich mit Neu- und Frühgeborenen-Medizin sowie Neugeborenen-Vorsorge.

Die neonatologische Versorgung erfolgt in deutschen Krankenhäusern auf vier **Versorgungsstufen:**

Stufe eins (Perinatalzentrum Level eins) hat u.a. mindestens sechs Intensivtherapieplätze, eine 24-Stunden-Präsenz von Fachärzten für Neonatologie, kann Frühgeborene, die vor der 29. vollendeten Schwangerschaftswoche (SSW) geboren werden, sowie alle Notfälle, z.B. bei Krankheit oder Adaptationsstörungen Reifgeborener, versorgen.

Stufe zwei hat u.a. vier oder mehr Intensivtherapieplätze, u.a. für Frühgeborene, die nach der 29. SSW geboren werden sowie für andere Notfälle.

Stufe drei hat u.a. eine angeschlossene Kinderklinik mit Beatmungsmöglichkeit, eine 24-Stunden-Präsenz eines Arztes mit Erfahrung in der Neonatologie, z.B. zur Versorgung Frühgeborener ab der 32. SSW, sowie anderer Notfälle.

Versorgungsstufe vier hat keine angeschlossene Kinderklinik bzw. eine, die nicht den Anforderungen auf den anderen Stufen entspricht; für Neugeborene, die nach der 36. SSW, ohne zu erwartende Komplikationen, geboren werden (vgl. AQUA-Institut 2011: 4; Schmidt 2010: 728).

Zur Versorgung Früh- und Neugeborener sieht der Beschluss des G-BA seit 1. Januar 2011 30 versorgte Kinder mit einem Geburtsgewicht von unter 1250 Gramm als **Mindestmenge** pro Jahr vor.

Bei einem Geburtsgewicht von 1250 bis 1499 Gramm ist keine Mindestanzahl zu erfüllen (zuvor in beiden Bereichen jeweils 14 nachwesliche Behandlungsfälle pro Jahr).

Seit dem 1. Februar 2012 ist die erstgenannte Regelung bis zu einer Entscheidung des Bundessozialgerichts (BSG) ausgesetzt. Danach will der G-BA endgültig darüber entscheiden, ob und in welcher Höhe eine Mindestmenge bei der Versorgung von Frühgeborenen festgelegt bleibt.

Mit seinem Beschluss reagiert der G-BA auf das Urteil des Landessozialgericht Berlin-Brandenburg vom Dezember 2011, das die vom G-BA beschlossene Erhöhung der Mindestmenge von 14 auf 30 für rechtswidrig und damit nichtig erklärte. Geklagt haben fast 50 Krankenhäuser, die von der Neuregelung betroffen waren. Das Urteil ist allerdings nicht rechtskräftig.

Der G-BA kündigte eine Berufung vor dem BSG an (vgl. G-BA 2010; AOK-Gesundheitspartner 2012).

Nosokomiale Infektionen (NI) - sind Infektionen, z.B. mit multiresistenten Erregern (MRSA - Methicillin[oxacillin]-resistente Staphylococcus-aureus-Stämme), die Menschen im Krankenhaus durch Ansteckung erwerben können.

Schätzungen reichen von 500 000 - 800 000 bis zu jährlich 1 000 000 betroffener Patienten, geschätzte 200 000 davon sind Ursache von Hygienemängeln und damit vermeidbar. Zu den häufigsten zählen im Allgemeinen Infektionen der Harnwege, der Atemwege und postoperative Wundinfektionen.

Seltener, aber immer wieder in Gesundheitseinrichtungen von Bedeutung, sind Infektionen durch Salmonellen, z.B. im Essen oder durch Legionellen, z.B. im Leitungswasser (vgl. Singbeil-Grischkat 2008: 155; Weidinger 2007: 50; Busley, Popp 2010: 224; Ruef 2012: 209, 211).

Perinatale Mortalität - umfasst Totgeborene ab 500 Gramm Geburtsgewicht bzw. während oder innerhalb der ersten sieben Lebenstage verstorbene Kinder. Sie liegt seit etwa zwanzig Jahren auf konstantem Niveau zwischen fünf und sechs Promille (vgl. Misselwitz 2010: 721).

Prozessneugestaltungen - bedeuten das vollständige Abrücken von ursprünglichen Prozessabläufen und die Neugestaltung ablaufender Prozesse, weil die Leistungserbringung dauerhaft von gesetzten Zielen abweicht und die Optimierung mit Einzelmaßnahmen keinen signifikanten Erfolg (mehr) zeigt (vgl. Pföhler, M. 2010: 130).

Prozessverbesserungen - sind stetige Maßnahmen zur Erhöhung der Effizienz, mit denen eine signifikante Wirkung zu erzielen ist, ermittelt durch Evaluation bzw. Controlling (vgl. Pföhler, M. 2010: 131).

Ruhepausen - sind nach §4 ArbZG im Voraus feststehende Unterbrechungen der Arbeitszeit von mindestens 30 Minuten bei einer Arbeitszeit von mehr als sechs bis zu neun Stunden und von 45 Minuten bei einer Arbeitszeit von mehr als neun Stunden. Ruhepausen können in Zeitabschnitte von jeweils mindestens 15 Minuten aufgeteilt werden. Länger als sechs Stunden hintereinander dürfen Arbeitnehmer nicht ohne Ruhepause beschäftigt werden (s. ArbZG §4).

Schnittstellen - sind kommunikative oder Übergänge von Aufgaben innerhalb der Arbeitsabläufe. Sie entstehen **zwischen Personen**, z.B. bei der Weitergabe von Informationen zwischen Mitarbeitern und Management, **innerhalb eines Bereichs**, z.B. bei der Dienstübergabe im Kreißsaal und/oder **zwischen unterschiedlichen Bereichen, z.B.** bei der Übergabe der entbundenen Frau vom Kreißsaal an die Wochenbettstation.

Schulterdystokie - geburtsmechanische Komplikation nach Geburt des kindlichen Köpfchens, verursacht durch fehlenden Eintritt der Schulter des Kindes in den querovalen Beckeneingang (hoher Schultergeradstand) oder durch fehlende Rotation in Beckenmitte tiefer Querstand der Schulter auf dem längsovalen Beckenausgang. Eine Schulterdystokie kann zu erheblichen Verletzungen bei Mutter und Kind führen sowie Gesundheit und Leben des Kindes durch Sauerstoffmangel dauerhaft beeinträchtigen.

Variable Kosten - unterliegen Auslastungsschwankungen. Sie steigen oder fallen mit dem Leistungsumfang, z.B. Kosten für Strom, Wasser, Medikamente, Einmalmaterial oder Lebensmittel.

Verweildauer (VD) - auch Grenzverweildauer (GVD), beinhaltet die Anzahl der Tage des Aufenthalts der Patientin im Krankenhaus (Aufnahme- und Entlassungstag zählen als ein Tag).
Bei Entlassung vor Erreichen der unteren GVD müssen Abschläge (vom Erlös) in Kauf genommen werden, bei Entlassung nach Erreichen der oberen Grenzverweildauer werden Zuschläge erzielt, die meist nicht kostendeckend sind.

Unter einer umfassenden - integrierenden Sichtweise bedeutet eine **optimale VD aus ökonomischer Sicht** das Anstreben einer Entlassung im Bereich der unteren bis mittleren VD,
aus Sicht der Patientin eine, mit der diese zufrieden und sich sicher fühlend, nach Hause entlassen wird.
Aus medizinischer Sicht ist eine zu frühe Entlassung (auch „blutige" Entlassung genannt) zu vermeiden, um Unzufriedenheit und ineffiziente Wiederaufnahmen (Kosten ohne entsprechenden Erlösausgleich, z.B. nachstationäre Behandlung) zu vermeiden, jede unnötige Verlängerung erhöht das Risiko für NI (s. Glossar) (vgl. Thiele et al. 2007: 172; Münzel, Zeiler 2010: 308).

Zielkomplementarität - das Erreichen eines Ziels geht mit dem Erreichen eines oder mehrerer anderer Ziele einher.
So führt die Modernisierung der Beleuchtung, etwa mit der LED-Technologie, zur Senkung der Stromverbräuche, zur Senkung der Kosten, zur Erhöhung der Qualität des Lichts (bessere Lichtausbeute), erleichtert die Arbeit der Mitarbeiter durch **stressfreies Sehen**, verbessert die Arbeitsleistung durch **genaues Sehen** und schont durch hohe Energieeffizienz (s. Glossar) zudem die Umwelt (vgl. Bienert 2004: 227; Hohensee 2011: 75).

Zielkonflikte - das Erreichen eines Ziels kann das Erreichen eines zweiten Ziels beeinträchtigen. So ist das Ziel, die Erhöhung der Effizienz, durch Reduktion des Personals kurzfristig zwar zu erreichen. Die damit einhergehende Leistungsverdichtung für die verbliebenen Mitarbeiter i.V.m. negativ erlebter Belastung und Beanspruchung können langfristig zu krankheits- bzw. motivationsbedingten Ausfallzeiten, Frustration und/oder Fluktuation führen, so dass durch in diesen Zusammenhängen entstehende Kosten das ursprüngliche Ziel langfristig nicht vollständig oder gar nicht erreicht wird (vgl. Bienert 2004: 227).

Die Effizienz wurde erhöht.

Die Prozesskosten wurden gesenkt.

Die Außendarstellung der Qualität wurde verbessert.

Die Managementprozesse sind optimal auf die Kernprozesse abgestimmt.

Die Infrastruktur wurde an die Prozesse angepasst.

Schnittpunkte: hier ohne Bedeutung

Die Erlössituation wurde optimiert.

Die Qualität wurde verbessert.

Die Supportprozesse sind optimal auf die Kernprozesse abgestimmt.

Die Ausstattung entspricht den komplexen Nutzeranforderungen.

Das Management erhält stetig die relevanten, aktuellen Kennzahlen.

Eine ausreichende Anzahl von Krankenkassen weist Patientinnen zu.

Die Kernprozesse wurden umfassend optimiert, z.B. die Dokumentation.

Die Unternehmenskultur wurde verbessert, das Betriebsklima wird als positiv bewertet.

Effektiv - effiziente Kennzahlen und -systeme sind auf- und ausgebaut.

Eine ausreichende Anzahl von Ärzten und Hebammen weist Patientinnen ein.

Die Kernprozesse wurden optimiert, z.B. die Abläufe bei Spontangeburten.

Aus-, Fort- und Weiterbildung der Mitarbeiter erfolgen zielorientiert.

Die Finanzierung der Investitionsmittel ist sichergestelllt.

Eine ausreichende Anzahl von Patientinnen nimmt Leistungen in Anspruch.

Alle Mitarbeiter denken und handeln prozessorientiert.

Die Arbeitsbedingungen wurden verbessert.

Ebene der Finanzen

Ebene der Kunden

Ebene der Prozesse

Ebene der Potentiale

Ziele

Legende: Ursache-Wirkungsketten ⟶

(Quelle: eigene Darstellung in Anlehnung an Greulich et al. 2005: 73)

Anlage 2: Errechnung der Erlöse und Erlösunterschiede zwischen Bundesländern für häufig erbrachte DRG´s

Der Erlös für eine DRG wird **vereinfacht** durch Multiplikation des Basisfallwerts (BFW) mit der Bewertungsrelation (BWR) (s. Glossar) errechnet:

BFW mal BWR = Erlös. Tabelle 13 zeigt errechnete Erlöse und Erlösunterschiede zwischen Bundesländern an Beispielen häufig erbrachter DRG´s:

DRG O60D - Vaginale Entbindung ohne komplizierende Diagnose ,

DRG O01E - Sekundäre SC mit komplizierender Diagnose, >33 vollendete SSW, ohne komplexe Diagnose und

DRG P67D - Gesundes Neugeborenes, Aufnahmegewicht über 2499 Gramm.

Tab.13: Erlöse und Erlösunterschiede zwischen Bundesländern
(Quelle: Landesbasisfallwerte 2012; Fallpauschalenkatalog 2012)

Bundesland	Landesbasis-fallwerte (o. Ausgleiche)	Erlöse für die DRG O60D BWR 0,507	Erlöse für die DRG O01E BWR 1,140	Erlöse für die DRG P67D BWR 0,250
Bremen	3050,61€	1546,66 €	3477,70 €	762,65 €
Bayern	3036,02 €	1539,26 €	3461,06 €	759,00 €
Niedersachsen	2949,23 €	1495,26 €	3362,12 €	737,31 €
Schleswig-Holstein	2930,79€	1485,91 €	3341,10 €	732,70 €

Von dem errechneten Erlös werden u.a.

➢ Zu- oder Abschläge, z.B. bei Über- oder Unterschreiten der GVD

➢ Mehr- oder Mindererlösausgleiche, z.B. beim Abweichen vom vereinbarten Leistungs- bzw. Erlösbudget

➢ Zusatzentgelte, z.B. für besonders teure Medikamente

addiert bzw. subtrahiert.

Die Höhe der Gesamterlöse einer Abteilung pro Jahr wird zudem u.a. vom Case-Mix (Summe aller BWR/Jahr), dem Case-Mix-Index (gesamtdurchschnittliche BWR/Jahr) und durch weitere Entgelte bestimmt. Dazu zählen neue Untersuchungs- und Behandlungsmethoden (NUB), hochspezialisierte Leistungen oder die Finanzierung von Arbeitszeitverbesserungen und der Ausbildung (vgl. Friedrich et al. 2010: 130).

Datensätze der Kalkulationskrankenhäuser des InEK aus dem Jahr 2007 zeigen **mittlere Fallkosten** für die

DRG O60D von 1419 € und für die

DRG O01E von 2597 Euro (vgl. Schwentzer 2010: 740).

Anlage 3: Vorstellung der DRG O60D, weitere geburtshilflich relevante DRG´s und Datenfluss bis zur Eingruppierung in eine DRG

Tab. 14 stellt die DRG O60D mit ihren Buchstaben und Zahlen vor:

Tab.14: Vorstellung der DRG O60D
(Quelle: in Anlehnung an Zaiß 2011: 6; Zapp, Oswald 2009a: 28)

O	60	D
MDC 14 (Major Diagnostik Categorie)	Partition (Stellung innerhalb der MDC)	ökonomischer Schweregrad (Ressourcenverbrauch)
		A - höchster Ressourcenverbrauch
Hauptdiagnosegruppe	0-39 - chirurgische Partition	...
für Schwangerschaft,	40-59 - sonstige Partition	D - vierthöchster Ressourcenverbrauch
Geburt	60-99 - medizinische Partition	...
und Wochenbett		H - niedrigster Ressourcenverbrauch
		Z - ohne ökonomische Differenzierung

Das gesunde, mit aufgenommene, neugeborene Kind wird im Datensatz der Mutter in der Nebendiagnose als „Resultat der Entbindung" kodiert, erhält ansonsten aber einen eigenen DRG-Datensatz, z.B. die o.g. DRG P67D.

Für **stationäre, geburtshilfliche Leistungen** umfasst der Fallpauschalenkatalog in der Version 2012 29 DRG´s. Sie sind gegliedert nach Leistungen während der Schwangerschaft, unter der Geburt und im Wochenbett. Für stationäre Leistungen der Diagnostik, Therapie und Pflege Früh- und Neugeborener umfasst der Katalog weitere 42 DRG´s (vgl. Fallpauschalenkatalog 2012).

Der Datenfluss bis zur Eingruppierung in eine DRG verläuft vereinfacht wie folgt:

> ➤ **Dokumentation** stationärer Leistungen, z.B. Aufnahme, Diagnostik usw.

> ➤ **Kodierung** der **Haupt- und Nebendiagnosen**
>   (Aufnahmegrund bzw. Zustand der Patientin),
>   z.B. Hauptdiagnose: Spontangeburt eines Einlings,
>   z.B. Nebendiagnose: Lebendgeborener Einling

> ➤ **Kodierung** der **Prozeduren**
>   (erbrachte Leistungen und damit verbundener Aufwand an Ressourcen),
>   z.B. Überwachung und Leitung einer normalen Geburt,
>   Episiotomie (Dammschnitt)

Resultat der Kodierung ist ein Datensatz nach § 301 SGB V. Die Zuordnung zu einer DRG, z.B. zur **O60D**, erfolgt EDV - gestützt durch eine sogenannte „Grouper"- Software, die i.d.R. im KIS hinterlegt ist (vgl. Zaiß 2011: 6; Hanser in Zaiß 2011: 304, 323; Münzel, Zeiler 2010: 138, 140).

Anlage 4: Qualifikationsorientierter Einsatz der Mitarbeiter

Qualifikationsorientierter Einsatz der Mitarbeiter bedeutet den (bereichsübergreifenden) Einsatz entsprechend der Qualifikation unter Ausschöpfung der beruflichen Potentiale. Ziele können u.a. sein:

> ➤ Entlastung der Mitarbeiter von berufsfremden Aufgaben

> ➤ Erhöhung der Motivation durch Ausschöpfung beruflicher Potentiale

> ➤ Reduktion von Hygieneproblemen, die z.B. entstehen, wenn Aufgaben mit potentieller Keimkontamination durch Pflegekräfte ohne Schutzkleidung erfüllt werden und danach Essen verteilt oder Stillhilfe geleistet wird

> ➤ Erhöhung der Effizienz (bei Übernahme von Aufgaben durch geringer qualifizierte und entsprechend geringer entlohnte Mitarbeiter)

Beispiele für die (Neu)Verteilung von Aufgaben zwischen den einzelnen Berufsgruppen zum qualifikationsorientierten Einsatz zeigt Tab. 15:

Tab. 15: Beispiele für die (Neu)Verteilung von Aufgaben zwischen den einzelnen Berufsgruppen (Quelle: eigene Darstellung)

Berufsgruppe	Entlastung von	Ersatz durch	Berufliche Potentiale
Ärzte	Kodierung, Blutentnahmen	Kodierassistenten, Pflegekräfte	Diagnostik, Therapie ...
Hebammen	Telefonaten, Terminvergaben, Informations-vermittlung	Arzthelferinnen, Stationsmanager(innen) Stationssekretärinnen ...	Legen der Venen-verweilkanüle, Routineultraschall, Naht der Episiotomie ...
Gesundheits- und (Kinder)Kranken-pflegerinnen	Reinigungsarbeiten Küchenarbeiten	Reinigungskräfte Servicekräfte	Katheterisieren, Blutentnahmen ...

Sinn ist nicht, einer Berufsgruppe Aufgaben wegzunehmen oder zusätzliche aufzutragen. Da alle Mitarbeiter i.d.R. ausgelastet sind, **muss die Übernahme** einer neuen Aufgabe **mit der Entlastung von einer anderen einhergehen**.

Dabei ist zu beachten, dass Aufgaben überwiegend ganzheitlich ausgerichtet sind. Sie sollten u.a. Monotonie durch Aufgabenwechsel, z.B. zwischen körperlichen und geistigen Tätigkeiten, vorbeugen. Musterlösungen für die Aufgabenverteilung können immer nur Anhaltspunkte liefern. Aufgrund der Heterogenität wird jede Abteilung individuelle Lösungen finden müssen. Deren Akzeptanz wird umso höher sein, je mehr **die Vorteile sichtbar** und die **Mitarbeiter** in die Erarbeitung dieser Lösung **eingebunden werden**.

Dazu sind u.a. auch Juristen der Berufsverbände, Mitarbeiter der Personalabteilung und der Betriebsrat hinzuzuziehen, um die notwendigen, z.B.. juristisch korrekten Voraussetzungen, zu schaffen (vgl. Tecklenburg 2009: 64).

Anlage 5: Beispiel für die räumliche Anlage wesentlich beteiligter Bereiche

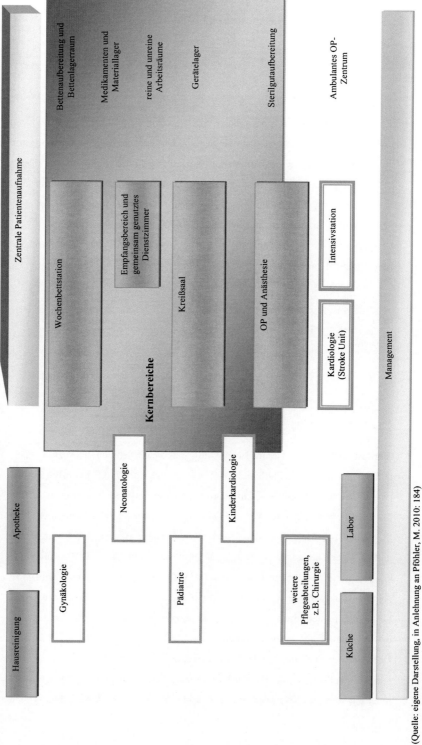

(Quelle: eigene Darstellung, in Anlehnung an Pföhler, M. 2010: 184)

Literaturverzeichnis

Gesetze und Internetquellen

AOK-Gesundheitspartner (2012). Online im Internet:
http://www.aok-gesundheitspartner.de/bund/krankenhaus/qs/gba/
mindesmengen/index_06646.html: [Stand: 15.05.2012].

Arbeitszeitgesetz (ArbZG). Vom 6. Juni 1994 (BGBl I S. 1170). Letzte Änderung
durch Artikel 7 Gesetz zur Änderung des SGB IV, zur Errichtung einer
Versorgungsausgleichskasse und anderer Gesetze vom 15.7.2009 (BGBl. I S.
1939. 79., neu bearbeitete Auflage. Stand: 1. Juli 2011. München: Deutscher
Taschenbuchverlag.

AQUA - Institut GmbH 2011: Übersicht Qualitätsindikatoren und -
Bundesauswertung zum Verfahrensjahr 2010 16/11 - Geburtshilfe.
Basisauswertung. Online im Internet:
http://www.sqg.de/downloads/Bundesauswertungen/2010/bu_Gesamt_16N1-
GEBH_2010.pdf: [Stand: 15.05.2012].

Fallpauschalenkatalog 2012: Online im Internet:
http://www.g-drg.de/cms/G-DRG-System_2012/
Fallpauschalen-Katalog/Fallpauschalen-Katalog_2012: [Stand: 15.05.2012].

Geburten auf Amrum. Online im Internet:
http://www.klinikum- nf.de/1Klinik/KHFoehr/1Fo_fr.php [Stand: 15.05.2012].

Geburten in Rostock. Online im Internet:
http://www.kliniksued-rostock.de/klinikum/Geburtshilfe-mit-
Kreisssaal-un.294.0.html: [Stand: 15.05.2012].

Gemeinsamer Bundesausschuss (G-BA) (2010). Online im Internet:
http://www.g-ba.de/institution/presse/pressemitteilungen/344/
[Stand: 15.05.2012].

InEK - Institut für das Entgeltsystem im Krankenhaus 2012. Online im Internet:
http://www.g-drg.de/cms/Begleitforschung_gem._17b_Abs._8_KHG
[Stand: 15.05.2012].

Landesbasisfallwerte 2012. Online im Internet: http://www.gkv-
spitzenverband.de/upload/LBFW_2012_2012_01_25_18875.pdf
[Stand: 15.05.2012].

Statistisches Bundesamt 2012a: Bevölkerung. Geborene und Gestorbene in
Deutschland: Online im Internet: https://www.destatis.de/DE/ZahlenFakten/
Indikatoren/LangeReihen/Bevoelkerung/lrbev04.html?nn=50730:
[Stand: 15.05.2012].

Statistisches Bundesamt 2008: Grunddaten der Krankenhäuser 2008, Fachserie 12
Reihe 6.1.1 - 2008: Online im Internet: https://www.destatis.de/
DE/ Publikationen/Thematisch/Gesundheit/Krankenhaeuser /Grunddaten
Krankenhaeuser2120611087004.pdf?__blob=publicationFile:
[Stand: 15.05.2012].

Statistisches Bundesamt 2009: Grunddaten der Krankenhäuser 2009, Fachserie 12
Reihe 6.1.1 - 2009: Online im Internet: https://www.destatis.de/
DE/ Publikationen/Thematisch/Gesundheit/Krankenhaeuser/
GrunddatenKrankenhaeuser2120611097004.pdf?__blob=publicationFile:
[Stand: 15.05.2012].

Statistisches Bundesamt 2010: Grunddaten der Krankenhäuser 2010, Fachserie 12
Reihe 6.1.1 - 2010: Online im Internet: https://www.destatis.de/
DE/ Publikationen/Thematisch/Gesundheit/Krankenhaeuser/
Grunddaten Krankenhaeuser 2120611107004.pdf?__blob=publication File:
[Stand: 15.05.2012].

Statistisches Bundesamt 2012b. Kosten der Krankenhäuser 2010: Online im
Internet: https://www.destatis.de/DE/ZahlenFakten/GesellschaftStaat
/Gesundheit/Krankenhaeuser/Tabellen/KostenKrankenhaeuserBL.html:
[Stand: 15.05.2012].

Sozialgesetzbuch Fünftes Buch (SGB V) - Gesetzliche Krankenversicherung vom
20. Dezember 1988. Letzte Änderung vom 24. März 2011 (BGBL. I S. 453).
Textausgabe mit praxisorientierter Einführung. Marburger, H. (2011)
6., aktualisierte Auflage, Regensburg: Walhalla Fachverlag.

Fachliteratur

Augurzky, B.; Krolop, S.; Schmidt, Chr. M. (2010): Die wirtschaftliche Lage in
Krankenhäusern. In: Klauber, J.; Geraedts, M.; Friedrich, J. (2010):
Krankenhausreport - Schwerpunkt: Krankenhausversorgung in der Krise?
Stuttgart: Schattauer GmbH: 13-24.

Bahmann, M.; Burkart, St.; Kraus, G.; Goldschmidt, J.W.:
Logistik - Reorganisation im Krankenhaus. In: Debatin, J. F.; Eggernkamp, A.;
Schulte, B. (Hrsg) (2010): Krankenhausmanagement. Strategien, Konzepte,
Methoden. Berlin: MWV Medizinisch Wissenschaftliche Verlagsgesellschaft
mbH & Co. KG: 541-554.

Bienert, M. L. (Hrsg. Hellmann, W.) (2004): Marktorientierung und
Strategiefindung. Ein Leitfaden für Gesundheitsunternehmen zur erfolgreichen
Positionierung im Wettbewerb. Landsberg/Lech: ecomed verlagsgesellschaft
AG & Co.KG.

Bohinc, T. (2008): Projektmanagement. Soft Skills für Projektleiter. 3. Aufl.,
Offenbach: GABAL Verlag GmbH.

Bräutigam, Chr.; Scharfenorth, K.: (2011): Personalbindung und
Personalgewinnung im Krankenhaus. In: Goldschmidt, A.J.W.; Hilbert, J.
(2011): Krankenhausmanagement mit Zukunft. Orientierungswissen und
Anregungen von Experten. Stuttgart: Georg Thieme Verlag KG: 296-309.

Busley, A.; Popp, W. (2010): Hygienefehler im Krankenhaus. In: Klauber, J.;
Geraedts, M.; Friedrich, J. (2010): Krankenhausreport - Schwerpunkt:
Krankenhausversorgung in der Krise? Stuttgart: Schattauer GmbH: 223-237.

Clauser, C. (2010): Exkurs: Schlanke Prozesse im Krankenhaus. In: Debatin, J. F.; Eggernkamp, A.; Schulte, B. (Hrsg) (2010): Krankenhausmanagement. Strategien, Konzepte, Methoden. Berlin: MWV Medizinisch Wissenschaftliche Verlagsgesellschaft mbH & Co. KG.: 345-352.

Debatin, J. F.; Eggert, F.; Gocke, P.; Herborn, Chr. U. (Hrsg.) (2010): „ ... und fertig ist das Klinikum - jetzt 12 Monate am Netz". Vom Konzept bis zur Inbetriebnahme. 2., überarb. und erw. Aufl., Stuttgart, New York: Georg Thieme Verlag.

Dzukowski, F. (2011): Grünes Energiemanagement. In: Debatin, J. F.; Goyen, M.; Kirstein, A. (2011): Alles grün ... ... auch im Krankenhaus. Green Hospital - Wege zur effektiven Nachhaltigkeit. Stuttgart, kma Medien: Georg Thieme Verlag KG: 55-74.

Eiff v., W. (2011): Warum ist Beschaffungsmanagement Chefsache? Konzept und Vorteilswirkungen eine ganzheitlichen Beschaffungsmanagements im Krankenhaus. In: Goldschmidt, A. J. W.; Hilbert, J. (2011): Krankenhausmanagement mit Zukunft. Orientierungswissen und Anregungen von Experten. Stuttgart: Georg Thieme Verlag KG: 243-254.

Ertl-Wagner, B.; Steinbrucker, S.; Wagner, B. C. (2009): Qualitätsmanagement & Zertifizierung. Praktische Umsetzung in Krankenhäusern, Reha-Kliniken, stationären Pflegeeinrichtungen. Heidelberg: Springer Medizin Verlag.

Feige, A. (2010): Heute sparen, morgen besser steuern. Kritische Bemerkungen zu den Auswirkungen der Sparmaßnahmen auf pränatal-geburtsmedizinische Leistungen. In: Zeitschrift für Gynäkologie und Neonatologie Oktober 2010: 177-179.

Friedrich, J.; Leber, W.-D..; Wolff, J. (2010): Basisfallwerte - zur Preis- und Produktivitätsentwicklung stationärer Leistungen. In: Klauber, J.; Geraedts, M.; Friedrich, J. (2010): Krankenhausreport - Schwerpunkt: Krankenhausversorgung in der Krise? Stuttgart: Schattauer GmbH: 127-147.

Fritze, J. (2010): Entgeltsystem für psychiatrische und psychosomatische Einrichtungen. In: Klauber, J.; Geraedts, M.; Friedrich, J. (2010): Krankenhausreport - Schwerpunkt: Krankenhausversorgung in der Krise? Stuttgart: Schattauer GmbH: 181-208.

Göbel, Th.; Wolff, J. (2012): Direktverträge für stationäre Leistungen - Chance für mehr Qualität und Wirtschaftlichkeit im Krankenhaussektor. In: Klauber, J.; Geraedts, M.; Friedrich, J.; Wasem, J. (2012): Krankenhausreport 2012. Schwerpunkt: Regionalität. Stuttgart: Schattauer Verlag: 123-147.

Goedereis, K. (2008): Facility Management. In: Schmidt-Rettich, B., Eichhorn, S. (Hrsg.) (2008): Krankenhausmanagementlehre. Theorie und Praxis eines integrierten Konzepts. 1. Aufl. 2008, Stuttgart: W. Kohlhammer GmbH: 596- 618.

Goldschmidt, R.; Gürkan, I. (2010): Krankenhausfinanzierung im öffentlich-rechtlichen Umfeld. In: Debatin, J. F.; Eggernkamp, A.; Schulte, B. (Hrsg) (2010): Krankenhausmanagement. Strategien, Konzepte, Methoden. Berlin: MWV Medizinisch Wissenschaftliche Verlagsgesellschaft mbH & Co. KG: 273-279.

Greiling, D. (2010): Krankenhäuser als Dienstleistungsunternehmen. In: Hentze, J.; Kehres, E. (Hrsg) (2010): Krankenhauscontrolling. Konzepte, Methoden und Erfahrungen aus der Krankenhauspraxis. 4., vollstd. überarb. und erw. Aufl., Stuttgart: Kohlhammer GmbH: 53-56.

Greulich, A.; Onetti, A.; Schade, V.; Zaugg, B. (2005): Balanced Scorecard im Krankenhaus. Von der Planung bis zur Umsetzung. Ein Praxishandbuch. 2., überarb. Aufl., Heidelberg: Economica Verlagsgruppe, Hüthig Jehle Rehm GmbH: MedizinRecht.de Verlag.

Hahne, B. (2011): Qualitätsmanagement im Krankenhaus. Konzepte, Methoden, Implementierungshilfen. 1. Auflage 2011, Düsseldorf: Symposium Publishing GmbH.

Hajen, L.; Paetow, H.; Schumacher, H. (2010): Gesundheitsökonomie. Strukturen - Methoden - Praxis. 5. Aufl., Stuttgart: Kohlhammer Verlag.

Hanser, S. (2011): Schwangerschaft, Geburt und Wochenbett. In: Zaiß, A. (Hrsg.) (2011): DRG: Verschlüsseln leicht gemacht. Deutsche Kodierrichtlinien mit Tipps, Hinweisen und Kommentierungen. Stand 2011. 9., akt. Aufl., Köln: Deutscher Ärzte-Verlag GmbH: 281-336.

Haubrock; M. (2009): Managementmethoden als Lösungsansatz. In: Haubrock, M.; Schär, W. (Hrsg.) (2009): Betriebswirtschaft und Management in der Gesundheitswirtschaft. 5., vollstd. überarb. und erw. Aufl., Bern: Verlag Hans Huber, Hogrefe AG: 271-328.

Henke, K.-D.; Göpffarth, D. (2010): Das Krankenhaus im System der Gesundheitsversorgung. In: Hentze, J.; Kehres, E. (Hrsg) (2010): Krankenhauscontrolling. Konzepte, Methoden und Erfahrungen aus der Krankenhauspraxis. 4., vollstd. überarb. und erw. Aufl., Stuttgart: Kohlhammer GmbH: 35-52.

Hildebrand, R. (2001): Das bessere Krankenhaus. Total Quality planen, umsetzen und managen. 2., akt. Aufl, Neuwied: by Hermann Luchterhand Verlag GmbH.

Hohensee, G. (2011): Grünes Licht. Beim Stromverbrauch sparen - nicht beim Licht. In: Debatin, J. F.; Goyen, M.; Kirstein, A. (2011): Alles grün ... ... auch im Krankenhaus. Green Hospital - Wege zur effektiven Nachhaltigkeit. Stuttgart, kma Medien: Georg Thieme Verlag KG: 75-89.

Kahla-Witzsch, H. A. (2005): Praxiswissen Qualitätsmanagement im Krankenhaus. Hilfen zur Vorbereitung und Umsetzung. 1. Aufl. 2005, Stuttgart: W. Kohlhammer GmbH.

Kaplan, R. S.; Norton, D. P. (2001): Die strategiefokussierte Organisation. Führen mit der Balanced Scorecard. Stuttgart: Schäffer-Poeschel Verlag.

Kirstein, A. (2010): Key Performance Indicators (KPI) im Krankenhaus. In: Debatin, J. F.; Eggernkamp, A.; Schulte, B. (Hrsg) (2010): Krankenhausmanagement. Strategien, Konzepte, Methoden. Berlin: MWV Medizinisch Wissenschaftliche Verlagsgesellschaft mbH & Co. KG: 293-303.

Kirstein, A.; Waldmann, M. (2011): Grünes Management im Krankenhaus. In: Debatin, J. F.; Goyen, M.; Kirstein, A. (Hrsg.) (2011): Alles grün ... auch im Krankenhaus. Green Hospital - Wege zur effektiven Nachhaltigkeit. Stuttgart, New York, kma Medien: Georg Thieme Verlag KG: 5-21.

Klauber, J.; Geraedts, M.; Friedrich, J.; Wasem, J. (2012): Krankenhausreport 2012. Schwerpunkt: Regionalität. Stuttgart: Schattauer Verlag.

Knoch, St. (2011): Risiken eines Krankenhausmanagers und Absicherungsoptionen. In: Goldschmidt, A. J. W.; Hilbert, J. (2011): Krankenhausmanagement mit Zukunft. Orientierungswissen und Anregungen von Experten. Stuttgart: Georg Thieme Verlag KG: 278-285.

Koch, St.; Schulz-Schaeffer, W. J.; Bockholdt, B.; Kramer,A. (2012): Pathologie, Neuropathologie, Rechtsmedizin und Anatomie. In: Kramer, A.; Assadian, O; Exner, M; Hübner, N.-O.; Simon, A. (Hrsg.) (2012): Krankenhaus- und Praxishygiene. Hygienemanagement und Infektions-prävention in medizinischen und sozialen Einrichtungen. 2. Aufl., München: Urban und Fischer Verlag, Elsevier GmbH: 419-423.

Kreher, C. (2011): Grüne Kommunikation/Corporate Image. In: Debatin, J. F.; Goyen, M.; Kirstein, A. (2011): Alles grün ... ... auch im Krankenhaus. Green Hospital - Wege zur effektiven Nachhaltigkeit. Stuttgart, kma Medien: Georg Thieme Verlag KG: 191-210.

Lange, J. (2011): Grünes Ressourcenmanagement. In: Debatin, J. F.; Goyen, M.; Kirstein, A. (2011): Alles grün ... ... auch im Krankenhaus. Green Hospital - Wege zur effektiven Nachhaltigkeit. Stuttgart, kma Medien: Georg Thieme Verlag KG: 102-114.

Litke, H.-D.; Kunow, I. (2009): Projektmanagement. 5., überarb. Auflage Planegg/ München: Rudolf Haufe Verlag GmbH & Co KG.

Ludes, M. (2010): Architektur und Technik. In: Debatin, J. F.; Eggernkamp, A.; Schulte, B. (Hrsg) (2010): Krankenhausmanagement. Strategien, Konzepte, Methoden. Berlin: MWV Medizinisch Wissenschaftliche Verlagsgesellschaft mbH & Co. KG: 401-412.

Lüthy, A.; Schmiemann, J. (2004): Mitarbeiterorientierung im Krankenhaus. Soft Skills erfolgreich umsetzen. 1. Aufl. 2004, Stuttgart: W. Kohlhammer GmbH.

Lüthy, A. (2010): Mitarbeiterorientierte Personalpolitik: Wie Krankenhäuser attraktive Arbeitgeber werden können. In: Debatin, J. F.; Eggernkamp, A.; Schulte, B. (Hrsg.) (2010): Krankenhausmanagement. Strategien, Konzepte, Methoden. Berlin, MWV Medizinisch Wissenschaftliche Verlagsgesellschaft mbH & Co. KG: 133-141.

Meinel, H. (2011): Betrieblicher Gesundheitsschutz. Vorschriften, Aufgaben und Pflichten für den Arbeitgeber. 5., überarb., u. akt. Aufl., Heidelberg, München: Hüthig Jehle Rehm GmbH.

Melchert, O. (2010): Der Chefarzt als Controller. In: Hentze, J.; Kehres, E. (Hrsg.) (2010): Krankenhaus - Controlling. Konzepte, Methoden und Erfahrungen aus der Krankenhauspraxis. 4., vollstd. überarb. und erw. Aufl., Stuttgart: Kohlhammer GmbH: 351-362.

Misselwitz, B. (2010): Mütterliche und perinatale Mortalität. In: Rath, W.; Gembruch, U.; Schmidt, St. (2010): Geburtshilfe und Perinatalmedizin. Pränataldiagnostik - Erkrankungen - Entbindung. 2., vollstd. überarb. u. erw. Aufl., Stuttgart: Thieme Verlag: 721-730.

Möller, Th. (2011): Grünes Gebäude. In: Debatin, J. F.; Goyen, M.; Kirstein, A. (2011): Alles grün ... ... auch im Krankenhaus. Green Hospital - Wege zur effektiven Nachhaltigkeit. Stuttgart, kma Medien in Georg Thieme Verlag KG: 22-37.

Münzel, H.; Zeiler, N. (2010): Krankenhausrecht und Krankenhausfinanzierung. 1. Aufl. 2010, Stuttgart: Kohlhammer GmbH.

Neubauer, G.; Beivers, A. (2010): Zur Situation der stationären Versorgung: Optimierung unter schwierigen Rahmenbedingungen. In: Klauber, J.; Geraedts, M.; Friedrich, J. (2010): Krankenhausreport - Schwerpunkt: Krankenhausversorgung in der Krise? Stuttgart: Schattauer GmbH: 3-12.

Pieck, N. (2010): Prämissen der Betrieblichen Gesundheitsförderung - Ein Überblick. In: Faller (Hrsg.) (2010): Lehrbuch Betriebliche Gesundheitsförderung. 1. Aufl. 2010, Bern: Verlag Hans Huber, Hogrefe AG: 105-111.

Pföhler, M. (2010): Klinische Behandlungspfade. Theoretisch und empirisch gestützte Erfolgsfaktoren für eine ressourcenorientierte Implementierung in Krankenhäusern. 1. Aufl., Berlin: BWV - BERLINER WISSENSCHAFTS-VERLAG GmbH.

Pföhler, W. (2010): Krankenhausfinanzierung bei privaten Trägern. In: Debatin, J. F.; Eggernkamp, A.; Schulte, B. (Hrsg) (2010): Krankenhausmanagement. Strategien, Konzepte, Methoden. Berlin: MWV Medizinisch Wissenschaftliche Verlagsgesellschaft mbH & Co. KG: 281-286.

Polonius, M.-J. (2009): Auswirkungen auf die Weiterbildung. In: Rau, F., Roeder, N., Hensen, P (Hrsg.) (2009): Auswirkungen der DRG-Einführung in Deutschland - Standortbestimmung und Perspektiven. 1. Aufl. Stuttgart: Kohlhammer GmbH: 229-236.

Rapp, B. (2010): Praxiswissen DRG - Optimierung von Strukturen und Abläufen. 2., überarb. u. erw. Aufl., Stuttgart: W. Kohlhammer GmbH.

Reinecke, I. (2009): Balanced Scorecard - Alle Aspekte sehen. In: Kirchner, H.; Kirchner, W. (Hrsg.) (2009): Professionelles Management im Krankenhaus. Erste Hilfe für leitende Ärztinnen und Ärzte. Stuttgart: Georg Thieme Verlag KG: 83-104.

Reschke, J. (2010): Beurteilung des Krankenhauspotentials aus Sicht einer privaten Klinikkette. In: Klauber, J.; Geraedts, M.; Friedrich, J. (2010): Krankenhausreport - Schwerpunkt: Krankenhausversorgung in der Krise? Stuttgart: Schattauer GmbH: 149-163.

Reschke, J. (2010a): Private Krankenhausträger. In: Debatin, J. F.; Eggernkamp, A.; Schulte, B. (Hrsg) (2010): Krankenhausmanagement. Strategien, Konzepte, Methoden. Berlin: MWV Medizinisch Wissenschaftliche Verlagsgesellschaft mbH & Co. KG: 33-38.

Richter, H.; Krantz, U. (2010): Exkurs: Energie-Management im Krankenhaus. In: Debatin, J. F.; Eggernkamp, A.; Schulte, B. (Hrsg) (2010): Krankenhausmanagement. Strategien, Konzepte, Methoden. Berlin: MWV Medizinisch Wissenschaftliche Verlagsgesellschaft mbH & Co. KG: 413-416.

Ruef, Chr. (2012): Bakterielle Infektionen. In: Kramer, A.; Assadian, O.; Exner, M.; Hübner, N.-O.; Simon, A. (Hrsg): Krankenhaus- und Praxishygiene. Hygienemanagement und Infektionsprävention in medizinischen und sozialen Einrichtungen. 2. Aufl. München: Urban &Fischer Verlag, Elsevier GmbH: 197-214.

Schelle, H. (2010): Projekte zum Erfolg führen. Projektmanagement systematisch und kompakt. 6., überarb. Auflage, München: Deutscher Taschenbuch Verlag GmbH & Co. KG.

Schmidt, S. (2010): Zentralisierung und Regionalisierung in der Geburtshilfe. In: Rath, W.; Gembruch, U.; Schmidt, St. (2010): Geburtshilfe und Perinatalmedizin. Pränataldiagnostik - Erkrankungen - Entbindung. 2., vollstd. überarb. u. erw. Aufl., Stuttgart: Thieme Verlag: 725-729.

Schwentzer, T. (2010): Vergütungssystem der Diagnosis Related Groups (DRG) in der Geburtshilfe. In: Rath, W.; Gembruch, U.; Schmidt, St. (2010): Geburtshilfe und Perinatalmedizin. Pränataldiagnostik - Erkrankungen - Entbindung. 2., vollstd. überarb. u. erw. Aufl., Stuttgart: Thieme Verlag: 732-744.

Schwentzer, T. (2011): Finanzielle Aspekte der Gynäkologie und Geburtshilfe. Ist-Situation und Zukunftsperspektiven. In: Zeitschrift „Der Gynäkologe", Fortbildungsorgan der Deutschen Gesellschaft für Gynäkologie und Geburtshilfe, Heft 10 vom Oktober 2011: 788-791.

Singbeil-Grischkat, V. (2008): Nosokomiale Infektionen und Infektionskette. In: Klischies, R.; Panther, U.; Singbeil-Grischkat, V. (2008): Hygiene und medizinische Mikrobiologie. Lehrbuch für Pflegeberufe. 5., akt. u. überarb. Aufl., Stuttgart, New York: Schattauer Verlag: 154-161.

Sisignano, A. (2001): Kommunikationsmanagement im Krankenhaus. So informieren Sie professionell und effizient. Neuwied und Kriftel: Luchterhand Verlag GmbH.

Spindler, J. (2011): Fallpauschalenbezogene Krankenhausstatistik. Diagnosen und Prozeduren der Krankenhauspatienten auf Basis der Daten nach §21 Krankenhausentgeltgesetz. In: Klauber, J.; Geraedts, M.; Friedrich, J.; Wasem, J. (Hrsg.) (2011): Krankenhaus-Report 2011. Schwerpunkt: Qualität durch Wettbewerb. Stuttgart, by Schattauer GmbH: 349-378.

Spindler, J. (2012): Fallpauschalenbezogene Krankenhausstatistik. Diagnosen und Prozeduren der Krankenhauspatienten auf Basis der Daten nach §21 Krankenhausentgeltgesetz. In: Klauber, J.; Geraedts, M.; Friedrich, J.; Wasem, J. (Hrsg.) (2012): Krankenhaus-Report 2011. Schwerpunkt: Regionalität. Stuttgart, by Schattauer GmbH: 407-436.

Stewig-Nitschke, A. (2011): Anforderungen an das Pflegepersonal in Notaufnahmen. In: Eiff, v. W.; Dodt, Chr.; Brachmann, M.; Niehues, Chr..; Fleischmann, Th. (Hrsg.) (2011): Management der Notaufnahme. Patientenorientierung und optimale Ressourcennutzung als strategischer Erfolgsfaktor. 1. Aufl. 2011, Stuttgart: W.Kohlhammer GmbH: 363-375.

Tecklenburg, A. (2009): Neue Konzepte und Maßnahmen im Überblick. In: Rau, F., Roeder, N., Hensen, P (Hrsg.) (2009): Auswirkungen der DRG - Einführung in Deutschland. Standortbestimmung und Perspektiven. 1. Aufl, Stuttgart: Kohlhammer GmbH: 254-266.

Tecklenburg, A. (2010): Strategische Ausrichtung im Krankenhaus. In: Debatin, J. F.; Eggernkamp, A.; Schulte, B. (Hrsg) (2010): Krankenhausmanagement. Strategien, Konzepte, Methoden. Berlin: MWV Medizinisch Wissenschaftliche Verlagsgesellschaft mbH & Co. KG: 41-48.

Thele, F.; Zygmunt, M. (2012): Gynäkologie und Geburtshilfe. In: Kramer, A.; Assadian, O.; Exner, M.; Hübner, N.-O.; Simon, A. (Hrsg.): Krankenhaus- und Praxishygiene. Hygienemanagement und Infektionsprävention in medizinischen und sozialen Einrichtungen. 2. Aufl. München: Urban &Fischer Verlag, Elsevier GmbH: 107-109.

Thiele, G., Büche, V.; Roth, M. (2007): Pflegewirtschaftslehre für das Krankenhaus und die stationären und ambulanten Pflegeeinrichtungen. 2., überarb. u. akt. Aufl., Heidelberg, München: Economica Verlagsgruppe Hüthig Jehle Rehm GmbH.

Thiex-Kreye, M. (2005): Leistungssteuerung auf Basis der Leistungsplanung im DRG-System. In: Goldschmidt, A. W.; Kalbitzer, M.; Eckardt, J. (2005): Praxishandbuch Medizincontrolling. Heidelberg, München: Economica, Verlagsgruppe Hülthig Jehle Rehm GmbH: 115-137.

Trill, R. (2010): IT im Krankenhaus - Chancen und Risiken. In: Debatin, J. F.; Eggernkamp, A.; Schulte, B. (Hrsg) (2010): Krankenhausmanagement. Strategien, Konzepte, Methoden. Berlin: MWV Medizinisch Wissenschaftliche Verlagsgesellschaft mbH & Co. KG: 451-457.

Waldmann, M. (2010): Medizinisches Controlling. In: Debatin, J. F.; Eggernkamp, A.; Schulte, B. (Hrsg) (2010): Krankenhausmanagement. Strategien, Konzepte, Methoden. Berlin, MWV Medizinisch Wissenschaftliche Verlagsgesellschaft mbH & Co. KG: 319-329.

Weigert, J. (2008): Der Weg zum leistungsstarken Qualitätsmanagement. Ein praktischer Leitfaden für die ambulante, teil- und vollstationäre Pflege. 2., akt. Aufl., Hannover: Schlütersche Verlagsgemeinschaft mbH & Co.KG.

Werblow, A.; Karmann, A.; Robra, B.-P. (2010): Effizienz, Wettbewerb und regionale Unterschiede in der stationären Versorgung. In: Klauber, J.; Geraedts, M.; Friedrich, J. (2010): Krankenhausreport - Schwerpunkt: Krankenhausversorgung in der Krise? Stuttgart: Schattauer GmbH: 41-70.

Wichtl, O.; Schleppers, A. (2006): Prozesse verstehen. In: Ansorg, J.; Diemer, M.; Schleppers, A.; Heberer, J.; von Eiff, W. (Hrsg.) (2006): OP-Management. Berlin: Wissenschaftlich Medizinische Verlagsgesellschaft OHG: 104-111.

Wischer, R.; Riethmüller, H.-U. (2007): Zukunftsoffenes Krankenhaus. Fakten, Leitlinien, Bausteine. Wien, New York: Springer Verlag.

Zaiß, A. (Hrsg.) (2011): DRG: Verschlüsseln leicht gemacht. Deutsche Kodierrichtlinien mit Tipps, Hinweisen und Kommentierungen. Stand 2011. 9., akt. Aufl., Köln: Deutscher Ärzte-Verlag GmbH.

Zapp, W. (2009): Internes Rechnungswesen. In: Haubrock, M.; Schär, W. (Hrsg.) (2009): Betriebswirtschaft und Management in der Gesundheitswirtschaft. 5., vollstd. überarb. und erw. Aufl., Bern: Verlag Hans Huber, Hogrefe AG: 366-405.

Zapp, W.; Oswald, J. (2009a): Controllinginstrumente für Krankenhäuser. 1. Aufl., Stuttgart: W. Kohlhammer GmbH.

Zapp, W. (Hrsg.) (2010): Prozessgestaltung in Gesundheitseinrichtungen - Von der Analyse zum Controlling. 2., vollstd. überarb. und erw. Aufl., Heidelberg, München: Economica, eine Marke der Verlagsgruppe Hüthig Jehle Rehm GmbH.

Zapp, W.; Bettig, U.; Karsten, E.; Oswald,J. (2010a): Prozesslenkung. In: Zapp, W. (Hrsg.) (2010): Prozessgestaltung in Gesundheitseinrichtungen - Von der Analyse zum Controlling. 2., vollstd. überarb. und erw. Aufl., Heidelberg, München: Economica, eine Marke der Verlagsgruppe Hüthig Jehle Rehm GmbH: 121-170.

Zapp, W.; Otten, S. (2010b): Vorgehensweise und Ablauf der Gestaltung von Prozessen. In: Zapp, W. (Hrsg.) (2010): Prozessgestaltung in Gesundheitseinrichtungen - Von der Analyse zum Controlling. 2., vollstd. überarb. und erw. Aufl., Heidelberg, München: Economica, eine Marke der Verlagsgruppe Hüthig Jehle Rehm GmbH: 87 – 117..

Zehnder, A. (2011): Kraftakt. Nachhaltig finanzieren.
In: kma. Das Gesundheitswirtschaftsmagazin. 16. Jg. Juni 2011: S.52-58.